ウィーンの中心地からほんのわずか、ドナウ川の支流の先に広がるローバウの森は、ウィーン市民にとって憩いの場です。球状の宿り木を目にしたのはこちらが初めてでした。

上：オーストリアではワインの生産も盛んで、ヴァッハウの段々畑は、グリューナー・フェルトリーナーやリースリングといった白ワインの葡萄で埋め尽くされています。

下：ザルツブルク郊外、透明度の高いターコイズブルーのモンド湖では、湖水浴も可能です。こうした美しい自然が身近にあるからこそ、QOLが高いのだと実感しています。

上：第二次世界大戦直後のウィーンでオーソン・ウェルズが暗躍する映画「第三の男」で知られるプラーター公園の観覧車は、ゴンドラを貸し切ってのパーティーも可能です。

下：モサモサと生い茂る我が家のメドウガーデンは、不在時には雑草が支配し、雨後にはナメクジが葉も花も食べてしまうのですが、季節ごとに異なる表情を見せてくれます。

上：ザルツブルクの山中では、そこかしこで四季折々の山野草が見られるため、生花店でお花を求めることはなくなりました。こちらは毎年初春の庭の雪間に覗く待雪草です。

下：ザルツブルクでは近代美術館における展覧会も充実しており、ハンス・ハーケの「生長する草」と称する作品と出逢いました。展示中に草が生長する過程もアートなのですね。

上：ウィーンの我が家では、夫が随所に読書コーナーをしつらえてくれました。こちらはリヴィングの読書用椅子で、日中でも、夜の暗がりの中でも、心地よく読書に耽ります。

下：今は亡き黒田泰蔵さんの一点の濁りもない清廉な白磁と、オーストリアが誇るロブマイヤーのクリスタル。時間に追われていても、こうした美しい器とお花に救われます。

小国の田舎だなんて侮れません。ザルツブルクでも、ミシュランの星付きレストランにて、腕利きのシェフの繊細なお料理を堪能することができるのです。

甘味、塩味、酸味、苦味、そして旨味を大切に料理を提供するSENNSは、オープンキッチンが見物のレストランで、かつての鋳物工場をリノベートした大人のための隠れ家です。

上：世界遺産にも登録されているバイロイト辺境伯歌劇場は、18世紀に建立されたバロック形式のオペラハウスです。幸運にもPHILHARMONIXのツアーにて訪れました。

下：17世紀バロック形式のクレムスミュンスター修道院の図書館は、ギリシャ語、ラテン語に加えて神学関連の蔵書を備えており、その数23万冊。書籍は拳で殴って開きます。

コロナ禍では何度となく中止となったPHILHARMONIXのウィーンにおける定期コンサートも、
今や私たち親族の席すら確保が困難なほど大盛況となり、補助席で聴いています。

上：シェーンブルン宮殿の小高い丘にそびえる美しきグロリエッテ。現在はカフェが営まれていますが、往時は皇帝フランツヨーゼフ1世が朝食を摂るための部屋だったとか。

下：オーバーツーリズムにより地域住民の日常が脅かされていたハルシュタットも、長引くコロナ禍にて人気もまばらとなり、すがすがしい静けさを保っていました。

上：スイスのズシュでは、森林限界点を超えた不思議な景色が目の前に現れ、どこか他の惑星に辿り着いたかのような錯覚に陥りました。

下：イタリア、オーストリア、スイスと、三カ国にまたがる南チロル地方は、各国文化のおいしいとこ取りが叶う理想郷です。彼方の山は東アルプスの最高峰オルトラー。

上：ウィーン郊外のマルヒフェルド産のホワイトアスパラガスは、春のご馳走です。ゲランドのお塩に胡椒、オリーブオイルとパルミジャーノだけで、思わず笑顔に。

下：アンズ茸はヨーロッパの夏の風物詩。ガーリックオイルで炒めたものを桃やハーブと和えて、サラダにしてみました。アヒージョやポタージュスープも絶品です。

上：季節を問わず、朝昼晩の食事を摂るザルツブルクの自宅のテラスにも降雪があり、
しばし使用不可となりました。遠景の山々も白く雪を戴いて美しく輝きます。
下：樏《かんじき》のようなスノーシューを履いて、まだ誰も足を踏み入れていないフワフワの新雪に、ザクザクと足跡を付けながら歩くのは、田舎暮らしならではの醍醐味です。

ウィーンから車で1時間ほど、湖畔の町ルストは、コウノトリが巣を作ることで知られていますが、温暖化のためにコウノトリが南下することを忘れるご時世です。

ウィーンの中心にあるシュテファン大聖堂は、ゴシック建築の壮麗な教会です。無宗教ではありますが、歴史的建造物を鑑賞することが好きなので、夜の散歩がてら訪れてみました。

文はやりたし

中 谷 美 紀

幻冬舎文庫

文はやりたし

文はやりたし　目次

IQ246

新たなドラマ『IQ246』にて監察医を演じることとなった。

監察医とは、不審死を遂げた遺体の行政解剖に携わり死因を見極める職業らしい。傷の位置、深度、角度、防御創の有無、死斑の具合、骨折の部位、遺体発見時の体位、遺体の付着物などから死因を探り、死者の人権を擁護するのだという。

密室で資産家の老婦人が孤独死しており、遺産相続を巡る他殺が疑われたものの、解剖の結果お餅を喉に詰まらせて窒息死しただけということもあるだろうし、飛び降り自殺だと思われていた遺体をよく観察してみると、飛び降りで発生するはずの骨折や頭部外傷が見あたらない。腹部に打撲傷が見られるので調べてみると、殴打による内臓破裂が死因で、遺体は自殺に見せかけてビルの近くに仰向けに置かれていたということもあるだろう。

死人に口なしなどと侮ることなかれ。物言わぬ死体こそ、雄弁に真実を語り、監察医に犯人像をささやきかけるものなのだ。

しかし、東京や大阪などの大都市はまだしも、47都道府県のうち、法医学の専門医が検死や司法解剖に携わっている自治体はわずかで、多くは臨床の片手間、いや傍らで、不審死を遂げた遺体の検死をするため、現場で目立った外傷もなく、争った跡がなければ、病死や自殺と判断されることも多いらしい。

法医学の権威である上野正彦さんの著書によると、死んでこそ名医にかかるべきだと書かれている。医師と名乗る人間ならば誰でも死亡診断書を作成できるため、検死の経験が浅い医師が携わった場合、たとえそれが他殺であっても自殺とされてしまうこともあり得るだろうし、保険金目的の自殺の場合でも事故死と処理されてしまうこともあるとのこと。

不謹慎ながら、保険金目的の自殺あるいは他殺を考えるなら、監察医制度のない県でひっそりと事に及べば、地元の人々に愛されるお人好しの内科医あたりが何の疑いもなく自殺、または事故死として処理をしてくれるだろう。

さて、私の演じる森本朋美は、三度の食事も好きだがそれ以上に死体が好きだという変人である。見るも無惨な死体を切り刻んで、内臓に見惚れたり、死体と記念写真を撮ったり、さらにはその死体の傍らで、ためらいもなく出汁を取り、お味噌汁を作って口にすることのできるめでたい神経の持ち主で、恐らく土左衛門が上がった直後でも平気でお豆腐を食すだろうし、轢《れき》死《し》体《たい》が目の前にあっても、レバ刺やユッケを食すことなど物ともしない人間である。

　この度、法医学について少しでも学ぶべく、怖い物見たさで、バンコクのシリラート病院に併設されているシリラート死体博物館なるものを訪れてみた。

　いくつかの棟が連なるいわゆる普通の大学病院の古い建物の二階へ上がると、その博物館はあり、病理のセクションに入るなり度肝を抜かれた。なんと、無脳症で顔から上がない胎児や胸部結合双生児、人魚のように足がくっついて生まれた胎児など、実際に存在することを目の当たりにするとショッキングな子供達が、ホルマリン漬けにされて展示されている。

　法医学の管轄では、銃弾によって命を奪われた遺体や刺殺された遺体、轢死やためらい傷のある自殺者の写真などが掲示されており、少々気分が悪くなったものの、展示室を進むうちに、ホルマリン漬けの臓器達にも慣れてしまった。刺傷を受けた心臓や銃弾を受けた遺体の一部などをじっくりと観察するうちに、それらがかつて命あった人間から摘出されたものというよりも、物のように思えてきて、自身の倫理観を疑いたくなる。

　さらには凶悪犯をミイラにした展示ケースがいくつも並んでおり、もはやここまで来ると、恐怖心など1ミリもなくなり、乾いた黒い皮膚が骸骨にべったりと張り付いて、少し前傾気味の顔がこちらを睥睨《へいげい》しているのをまじまじと見てしまった。

　恐らくこうして法医学の専門医達は、個人的な感情に流されることなく、冷静に死体の発する声に耳を傾け、事件の真相に迫るのだろう。もっとも、私の演じる朋美は、死体を愛し、美しい死に方に興奮する変人ではあるけれど。

司法解剖

ドラマ『ＩＱ２４６』にて、誰よりも死体を愛する監察医を演じるにあたり、タイ中央法医学研究所の監察医、Dr. Panjaiよりお許しをいただき、司法解剖を見学する機会を得た。

バンコクの中心部から車で30分ほど、お堀に囲まれた広大な敷地に聳《そび》えるタマサート大学にて、監察室のオフィスを訪れると、チーフ監察医のDr. Panjaiが、厚みのあるボブスタイルの髪の毛を揺らしながら颯爽と姿を現した。恐らく私より三つ四つ若いDr. Panjaiは、およそ人の死にかかわる仕事を毎日しているとは思えぬほど、明るく闊達な女性である。医療に携わる方法はいくらでもあろうに、Dr. Panjaiはなぜ監察医を志したのだろうか？

「アメリカでの研修医時代に、当直を経験して、その時、心臓発作の患者が救急で運ばれて来たのだけれど、私は彼を救えなかったの」と告白する口調は、最初の自己紹介のそれと全く変わらず、事実を淡々と述べる。しかし、「できる限りのことは全てしたわ。でも、患者は息を引き取ったの。それは決して忘れられない苦い経験よ」と、続ける表情には、強く朗らかに見える人柄とは裏腹な繊細さが見え隠れしていた。

オフィスから二枚の扉を隔てた向こう側に、6台の解剖台が据えられ、すでに5名の御遺体が横たわっていた。最も奥の女性はすでに着衣を脱がされ、3人一組となったチームによって頭部と胸部を同時に切り開かれていた。思わず閉口して目を逸らしてはみたものの、その過程を見ずしてはわざわざタイを訪れたことが徒労に終わってしまう。恐る恐る覗いて見ると、瞬く間に頭部の皮膚が剝ぎ取られ、頭蓋骨が露わになり、電気ノコギリのけたたましい響きがそれに続いた。なんと、頭蓋骨を切り取り、脳味噌を取り出しているのであった。時を同じくして、黄色い脂肪がたっぷりとついた胸部から腹部にかけての肉が切り開かれ、肋骨がペンチで切り取られていく。肺、心臓、胃などといった内臓が、部位ごとに分けられ、体内に溜まった大量の血液がホースの水で洗い流される。

気絶するのではないかという心配は杞憂に過ぎず、目の前で繰り広げられる光景に夢中で食らいついていた。ドクターとアシスタント達の手さばきは鮮やかで、同時に3体が次々とその内容物を露わにされる。感電死が2体、銃による自殺とおぼしき御遺体が2体、病死が1体。

「幸い今日は、死後間もない御遺体ばかりで、腐乱死体がないけれど、臭いが身体中に染みついて離れないこともあるの」と言いながら、Dr. Panjaiが解剖所見を人体図に記入する。

仰向けで亡くなっていた御遺体は、背中側に赤紫の死斑が、うつ伏せで亡くなっていた御遺体は、胸側に死斑が浮かび上がっている。循環器の停止により、血流が止まると、重力に従って、血液は下方に下がり、死斑を表出させるのだ。

自らに銃弾を放って亡くなった男性の1人は、肝臓癌を患っていたという。こめかみには銃創があり、解剖した脳には弾丸が埋め込まれていた。もう1人の自殺者は、統合失調症を患っていたとのこと、胸部に銃口を密着させる形で発砲された形跡があり、弾は男性の心臓を貫通して、背中側に抜けていた。すでに白濁した角膜に注射器をブスリと刺し、体液を採取する様は、内臓や脳味噌を切り取るよりも痛々しかった。

不思議なことに、自殺者と見られる2人の死に顔は思いのほか穏やかで、不意打ちの感電死らしき2人の顔は痛みに歪んでいるように見えた。

不意にDr. Panjaiが私の名前を呼んだかと思うと、肥大した心臓を手渡された。もちろん手術ガウンや手袋などで感染予防はしているものの、まさか内臓に触れられるとは思ってもみなかった。ずしりと重くのしかかる脳味噌を手にした時は、ある種の恍惚感を覚えた。ドラマの台本に書かれていた、「内臓を美しい」と感じる気持ちが手に取るように理解できた瞬間だった。スポンジのようにふわふわの肺も、思いのほか小さな腎臓も、透き通った腸管も、全て愛おしく、人体の精密さと圧倒的な美しさに魅入られてしまった。

その一方で、このように精巧に作られた人体も、つかの間の借り物なのだと改めて実感した。誰もが死にゆくために生まれては来るものの、与えられた内臓を大切に使わせていただこうと思えたことが、何よりも大きな収穫だった。

グレイス・ファームズ

先日、仕事の都合にてニューヨークを訪れた折に、少し足をのばして隣接するコネティカット州へ行ってみた。

目的は、ランスのルーブル美術館の別館やパリのサマリテーヌ改装にて世界に名を馳せる妹島和世《せじまかずよ》さんと西沢立衛《にしざわりゅうえ》さんによる建築家ユニットSANAAが設計したというグレイス・ファームズだった。

とある場面で妹島和世さんとお目にかかる機会があり、「とにかく行ってみて」と余計な注釈をつけずにおっしゃったことが印象的だった。それからほどなくしてニューヨークに行くこととなり、自然に溶け込む美しい建築を見たい一心で、友人二人を伴ってタクシーに乗り込んだのである。

木造の低層住宅が森の中に点在するコネティカット州の街並みは、映画に現れる典型的なアメリカ郊外の高級住宅地のそれで、特段興味を惹かれるものではないけれど、のどかで心地よい。

ニューヨークから1時間ほどでグレイス・ファームズに到着すると、自家菜園の小さな農園が目に入り、その奥の森を切り拓いた草原に、なだらかにうねる曲線が特徴の建物が現れた。

入館料を支払うべくエントランス棟へ向かうと、なんと入館料は無料だという。

廊下を進むと、小学校の教室のような、子供へのワークショップのための部屋が連なり、ブラジル人のアーティスト、ベアトリス・ミリャーゼスのペインティングが施されていた。そして再び外へ出ると、いよいよ森の中にたたずむリヴァービルディングがその姿を現した。

どこから入るべきか、あるいは入らぬべきか判断しかねてふらふらと歩いていると、ティアドロップ型のサングラスをかけた男性が、ガラス張りのパヴィリオンの中から手招きをしていた。フランクと名乗るその男性に誘《いざな》われて曲線状のカウンターに腰掛けると、鮮やかな手さばきで中国茶が振る舞われた。日系人のフランクさんは、このグレイス・ファームズにてもてなしを担当しているという。

「疑問があったら何でも尋ねて下さい」とおっしゃるものの、我々にとっては疑問だらけだった。各々が矢継ぎ早に質問攻めにすると、「ここは、営利を目的としておらず、人と人との出逢いの場を提供し、人が社会に貢献するための場所として公開しています」とのこと。

「都会にいると、立ち止まったり、呼吸をすることを忘れてしまいがちですが、グレイス・ファームズにいる間だけは、深く呼吸をしてみて下さい。考えるよりも、まず感じて下さい。そしてあら探しをしたり、クレームを述べることを諦めて受け入れてみて下さい」などと、まるで熟練したヨガの先生のようなフランクさんの言葉の魔法にかけられて、我々はすっかり時が経つのを忘れていた。

おおまかに5つに分かれるセクションは、無料でお茶を喫することのできるカフェのようなパヴィリオン、体育館のような多目的スペースのコート、グルテンフリーにも対応するカフェテリアのコモンズ、アートや世界中の思想、宗教に寛容な蔵書を誇るライブラリー、瞑想や講演、パフォーマンスなどに用いることのできるサンクチュアリと呼ばれるホールで構成されている。

それぞれのセクションには、限られたアーティストによる作品が点在しており、トーマス・デマンドによるグレイス・ファームズの模型の写真、テレシタ・フェルナンデスのガラスのモザイク壁、スーザン・フィリップスのサウンドインスタレーション、オラファー・エリアソンの瞑想用マットなどが連なる。

その建築は、自然を邪魔することなく、むしろ自然に寄り添うように存在しており、それでいて革新的で、老若男女が心躍らせるような造りとなっている。

忙《せわ》しない日々では、人生がおきざりにされたような、仕事をするために仕事をしているような感覚をおぼえることもしばしばだけれど、森を歩き、草木が風にそよぐ音に耳を澄ませるうちに「たった一度きりの人生を楽しんだってよいのではないだろうか」と思えてきた。

森と美しい建築、ただそれらが存在するだけなのに、訪れる各々が人生の欠けていたピースに気付かされる。グレイス・ファームズとは、そんな場所なのかもしれない。

香港珍道中

約2年ぶりに香港を訪れた。初めて訪れたのは、中国への返還の直前だっただろうか。まだ香港映画が隆盛を極めていた頃で、ウォン・カーウァイ監督の『欲望の翼』や『恋する惑星』が話題となり一大ブームとなっていたため、CMの撮影にて香港へ渡航できることが嬉しかったのを覚えている。

東京よりも遥かに都会的で洗練された部分と、雑然とした雰囲気の混在する街では、南国特有の異国情緒を残しつつ、何もかもが便利で、それでいて、映画の舞台にふさわしいミステリアスな雰囲気も味わえることが、印象的だった。

さてこの度は、九龍側に宿泊してみたものの、ガイドブックなしでの旅は初めてで、香港島へ渡るにも、思いつきで宿を出て、道行く人に尋ねながら、全てが行き当たりばったりの珍道中だった。地下鉄の車両に乗った途端、進行方向を誤ったことに気付き、現地の見知らぬ女性に声をかけたところ、とてもわかりやすく乗り換えるべき場所を教えてくださったため、当初は地下鉄にて香港島へ渡るつもりが、思いがけず途中下車してフェリーに乗ることとなった。これまでにも映画祭などで、何度か香港を訪れてはいたけれど、九龍側への宿泊は約20年ぶりで、夜の香港島を対岸から眺めたのは初めてだった。

１００万ドルの夜景と称される景色が目の前に広がると、やはりそれは圧倒的で、ロマンティックな夜景を求めて観光地巡りをすることなどなかった私でも魅入られてしまった。毒々しいほどのネオン管の色が水面に反映され、夜の闇に光を放つ姿は、作り物だとわかっていても、心躍らされた。

すでにセールの始まっていたショッピングモールにて、仕事のための衣装を物色していると、瞬く間に時間は過ぎ、空腹に耐えかねてお気に入りのレストランに電話をかけてみると「今夜は満席です」と慌ただしくあしらわれてしまった。

散々あちらこちらを歩き回り、様々なレストランに連絡したものの、その答えは芳しくなく、仕方なしに通りがかりのレストランに入ってみたところ、それなりに美味しかった。隣席との距離はやはり近く、黒酢やラー油は2つのテーブルで分かち合うシステムのようで、どうしても食べたかった点心に黒酢を添えるべくお隣から拝借しようと容器を持ち上げた途端、なぜか蓋のみ私の右手に残り、床に落下した容器から黒酢が躍り出たのであった。

旅の恥はかき捨てとは言えど、これは全くよろしくない。幸いお隣の女性客2人は気さくな方々で、着衣に飛散したかもしれない黒酢を気にかけることなく、「全然気にしないで、残りの食事を楽しんで！」と笑顔で言い放つと、レストランの方が用意してくださった別の席へと移っていった。隣席の後始末の間、食事に手をつけることもはばかられ、楽しみだった熱々の点心は、私の口に入る頃には表面が少し乾き、冷めてしまっていた。

翌日もまた散々で、訳あって夜の11時を過ぎてから宿の近くで食事をすることになったものの、心当たりがなく、たまたま通りかかった女性が親切に教えてくださった火鍋屋さんに予約もなしに入ってみたところ、英語が全く通じない。かろうじて広東語のメニューから鶏出汁のお鍋を発見し、魚介類に海老餃子などの食材を指さして伝えると、店先の生けすから活きた海老や貝類やを取り出し、白濁したスープを張ったお鍋に添えて供された。活きた食材なのだからきっと美味しいに違いないと期待した私は甘かった。海老餃子はどうやら自家製ではなく、工場から来たもののようで、最も肝心な鶏出汁そのものに臭みがあり、新鮮な食材の良さが活かされるどころか食べ続けることが苦痛になるほどだった。

物心ついて以来食い意地が張っているため、旅先でも美味しいレストランには鼻が利くほうで、インドの山奥でも美味しいものにありつくことができたもので、これほどまでに酷い食事をあてがわれたのは、本当に久々だった。

リベンジと称して、翌日はかねてよりお気に入りのレストランにてキヌガサダケに燕の巣を詰めた上湯《シャンタン》スープに自家製の繊細な点心を存分にいただいたのだった。

ニューイヤーズコンサート

２０１６年の年末よりオーストリアのウィーンにて休暇を過ごすこととなり、ありがたいことに、オーストリアが誇るウィーンフィルハーモニー管弦楽団のニューイヤーズコンサートのリハーサルを鑑賞する機会を得た。

ウィーンフィルとは、ウィーン国立歌劇場管弦楽団の選抜団員による自主運営のオーケストラのことで、ウィーンの旧市街を縁取るリング通りからわずかに道を入った先に１８１２年より鎮座する楽友協会を拠点に、ニューイヤーズコンサートはもとより定期公演、ザルツブルクでのモーツァルト週間、シェーンブルン宮殿における無料のサマーナイトコンサート、ザルツブルク音楽祭、そして世界各国での遠征公演など、年間を通じて数々の演奏会を行っている。

ニューイヤーズコンサートはご存じの通り毎年1月1日に開催され、約90カ国にてその模様が生中継されており、栄えある場でタクトを振ることは、指揮者にとって至上のステイタスであり、限りある座席は毎年争奪戦で、世界中からこの日のためだけに訪れた聴衆により埋め尽くされる。

2017年の指揮は、史上最年少にてニューイヤーズコンサートを任されたヴェネズエラ出身のグスターヴォ・ドゥダメル氏であった。ヴェネズエラでは、子供達に希望とチャンスを与えるため、無償で楽器に触れることのできるエル・システマと称する音楽教育プログラムを有しており、ドゥダメル氏もこのエル・システマにて育成されたことから、この度のリハーサルには、エル・システマが運営するユースオーケストラの子供達が40人ほど招待されていた。

楽友協会の黄金のホールに足を踏み入れたのは人生初のことで、荘厳な雰囲気に圧倒されつつも、一階のバルコニー席に息を潜めて腰掛け、指揮者の登場を待った。

リハーサルといえど、ウィーンフィルとしての品位を失わない程度のスマートカジュアルで楽器の調律をする楽団員達は、世界中の指揮者達が恐れおののく対象であり、彼らの意に沿わない指揮者は、二度と呼ばれることはないとも言われている。

ブラックデニムにネイビーブルーのTシャツ、そして同じくネイビーブルーのニットジャケットを羽織ったドゥダメル氏が現れると、はばかることなく各々の楽器を調律し、また指を慣らしていた楽団員達が静まりかえり、ドゥダメルの発する言葉に真摯に耳を傾けていた。

1曲目はフランツ・レハール作曲の歌劇『ウィーンの女達』より「ネヒレディル行進曲」。

新たな年の始まりに相応《ふさわ》しい華やかで力強い楽曲がドゥダメルの指揮によってテンポ良く軽妙に演奏されはじめた。

　ウィーンフィルの奏でる音は、なめらかで柔らかく、深い奥行きを感じさせてくれる。とりわけ、ピアニッシモの繊細さには全身が震わされ、鳥肌が立つ。最小限の音量にもかかわらず、確実に空気を震わせる美しい音色に、恍惚とさせられるのだ。フォルティッシモに至っては、当然ながら決して力任せではなく、丁寧な奏法により心地よい余韻が残る。

　若き指揮者のリハーサルは、まず一曲ノンストップで演奏し、気になる箇所のみ指示を出し、調整を要する部分のみ繰り返し演奏するというスタイルで、必要以上に威厳を振りかざすというよりは、むしろオーケストラを信じてゆだねることで、自らの持ち味との調和を図っているように見受けられた。

　指揮をしながら自ら音楽を存分に楽しみ、子供のようにはしゃいでいるようにも見え、それでいて、恒例のバレエダンサー達によるダンスの折には、ヨハン・シュトラウスのポルカ・シュネル「さあ踊ろう」をノリノリで演奏した後に「テンポが速過ぎたかな？　大丈夫？」と初々しいダンサー達を気遣う場面もあった。

　また、所々で遊び心に満ちたイタズラが仕掛けられており、かしこまって拝聴するというよりは、新年の寿《ことほ》ぎのムードの中で、聴衆も音楽に参加し、楽しむものなのであった。

ドゥダメル氏のチャーミングなお人柄は、そうそうたる指揮者を迎えてきた懐疑的なオーケストラ団員達をも自然と笑顔にしてしまう。道化を演じながらも常に360度に気を配る姿と指先の流麗な動きからは、彼の繊細さが感じられ、私もすっかり虜になってしまった。

心付け

わずか5日間ながらニューヨークを訪れた。例年に比べるとはるかに暖かく、2月下旬にしてすでに春の陽気だった。

沈鬱な長い冬から思いのほか早く脱したことに浮かれる人々で街は溢れ、テラス席のあるカフェには行列ができていた。それはまるで、街中の人々が仕事や学業を放棄して行楽日和を満喫しているかのようだった。久々に再会した妹のような友人も同様で、当初の予定を変更してまで、屋外でのランチを優先させることとなった。

通常なら30分待ちなどと言われようものなら即座に諦め、次を探すことをいとわない。海外でのレストラン予約に便利なアプリも、もちろんインストール済みである。しかし、この時ばかりは街中がお祭り騒ぎの中、テラス席のあるカフェを求めて歩き続けたところで、いずれも等しく大盛況であることは一目瞭然で、友人が通うNYUから徒歩圏内のユニオンスクエアにて、希少なテラス席を待つことで手を打った。

スパークリングウォーターで空腹をしのぎつつ、久々の会話に花を咲かせると、30分も瞬く間に感じた。それも、毎度同じ話題で、年頃の娘たちのように笑い続けることができる。

友人といえど、人様と同室で眠ることが苦手な私が、5年ほど前に彼女と共にニューヨークに滞在した際に、さほど広くもない部屋ですら高額なニューヨークにて、スイートルームを予約するほどの贅沢もはばかられ、こともあろうに予約したはずのツインルームはダブルブッキングだったようで、やむを得ずキングサイズのベッドで共に眠ることを許してしまった。しかし、それは悪夢の始まりで、若さに任せて街中を何時間でも歩き回りたい彼女と、時差ボケの上、足の筋力に自信がなく、昼寝をせねば体力がもたない私との間で、歩くかタクシーに乗るかの攻防戦だった。今でこそ、筋力も幾分つき、タクシーに乗って渋滞に巻き込まれるよりは、徒歩がどれほど心地よいものか感じられるようになったものの、当時は10ブロック歩くことすら億劫に感じられて、彼女は徒歩で、私はタクシーでホテルへ戻ったほどだった。

さらには、西洋人と日本人の体感温度の違いからか、冷房を使用するか否かで、ずいぶんと譲歩することになり、キンキンに冷えた部屋で眠ることを余儀なくされた私は、ついに風邪をひき、やがてそれは重度の気管支炎を併発するに至った。彼女は決してわがままなタイプではなく、正直ではあるが、むしろ常に人を気遣い、人のために生きることを喜びとするチャーミングな人物であるにもかかわらず、5年前のニューヨークの旅では、私の体調不良もあって、些細なことから争った。

　挙げ句の果てにある日の朝食では、「ねぇ、美紀、ポーチドエッグとパンケーキ、どっちがいいと思う？」と尋ねられた私は疲れもピークに達しており、「どっちでもいいから朝食のメニューくらい自分で決めて！」と思わず言い放ったのであった。

　そして、私たちは互いの国を訪れる度に馬鹿の一つ覚えのように同じ話題で盛り上がり、新たな友人がそこに加われば、最悪のニューヨーク滞在についてなぜか勲章のように語るのだ。「今回は、喧嘩する時間すらなくて残念だわ」などとイヤミを加えながら。

　ところで、ニューヨークを含む北米のホールスタッフの愛想の良さは、日本人の礼儀正しさと比較しても、心地よいものだと感じている。今回のスタッフも言葉遣いはフレンドリーを通り越してやや砕けすぎではあるものの、顧客のニーズに応えようと、グルテンフリーの友人にも、糖質制限の私にも、臨機応変の対応をしてくれることに感激した。

　しかし、男女問わずボディータッチも交えて常に親しげに話しかける彼が最後に示した会計には、なんとチップの推奨金額がボールペンで大仰に囲ってあり、「Thank you!」と大きな文字で書き込みがあった。

　彼らの基本給が安価に抑えられており、チップによる収入がいかに大切かは重々承知している。

15%、17%、20%と3段階で明記されるチップのうち、心地よい接客には20%を支払うことも決して惜しくはないけれど、自ら20%の支払いを要求する態度にはさすがに私たちも閉口した。心付けとは、受け取る側ではなく、渡す側が気持ちで行うものだとばかり思っていたものの、どうやら違うらしい……。

メタボの大食い

かつては「痩せの大食い」で通っていたものの、このところ体脂肪率が25％を優に超えることも多くなり、「メタボの大食い」と呼ばれる日も決して遠くはないと危機感を覚えている。

もう10年近く前のことではあるけれど、魚介や卵は時おり口にするペスコ・オボベジタリアンを6年ほど続けた後に、体力の著しい低下と、次から次へと顔面に表出する大人のニキビにずいぶんと悩まされた。

藁をも摑む気持ちで訪れた分子整合栄養医学と称する栄養療法の専門医は、血液検査の結果にさっと目を通しただけで「あなた、炭水化物の取り過ぎです。それからお肉を食べていないでしょう？　たんぱく質も、ビタミンB群も、鉄分も、コレステロールも全て不足していますね」と、日々の食生活をみごとに言い当て、我が家を盗撮しているのではないかと疑いたくなったほどだった。

当時、たんぱく質はお豆腐や納豆、魚に卵で十分足りていると思っていたし、野菜中心の食生活はヘルシーだと信じて疑わず、お肉をいただかないことによる空腹感を炭水化物で紛らわしていたものだから、ご飯はお茶碗に3杯くらい構わず平らげていたし、パスタも100グラムでは物足りず、右手で大胆に一摑み、150グラムほどは余裕で食していた。もしも香川県在住であったなら、朝昼晩とおうどんを3玉ずつは食べていたであろうし、実際、時代劇にてかつらを被るために、ふくよかな顔立ちにしようと、喜び勇んでおうどんや白米を口にしていたのだった。

ところが、「甘い物と炭水化物は、血糖値の乱降下の原因になりますし、糖質がビタミンB群を大量に消耗するのに豚肉を食べないから、B群が不足して疲れやすかったり、インシュリンが働き過ぎて低血糖となり、その結果、血糖値を上げようとアドレナリンが分泌されるためにイライラしたり、ニキビができやすくなるんですね」と先生。

十分に摂取しているつもりだったたんぱく質は、1日に（体重kg×1・5〜2・0g）が推奨されるらしく、さらにはプロテインスコアといって、9種類の必須アミノ酸がバランス良く含まれているか否かを計る基準値が大切だそうで、私の食生活では全く足りていなかった。100グラムの魚介類や大豆製品を食したところで、全てがたんぱく質として使われる訳ではなく、実際に体内で有効利用されるたんぱく質の量はずいぶん少なくなる。その点、鶏卵やしじみなどはプロテインスコアが100で、とても良い働きをしてくれるらしいけれろところにしたとところ　と　当時、卵は悪玉コレステロール上昇の原因になるからと、かなり控えていた。

「卵ほどたんぱく質を摂取するのに完璧な食品はありませんし、2つや3つ口にしたところで悪玉コレステロールは増えません。そもそも、悪玉コレステロールだって、女性のホルモンを作るのには大切な要素なんです」と、ご指導を受け、更には「お肉を食べていないから、鉄分が足りなくて偏頭痛やニキビの原因になっていますね。爪も割れやすいでしょう？」と不定愁訴の原因を教えてくださった。

よかれと思って摂取していたものが全て仇となり、むしろよかれと思って控えていたものが、自らの身体に最も必要なものだったと気付かされ、愕然としたものの、何よりも大好きだった炭水化物を極力減らし、黒糖や、きび砂糖、はちみつを含む糖質全般、白米、精製された小麦粉を徹底して断つ肉体改造が始まったのである。

はじめの1ヶ月は身体が糖質に依存していたため、涙が出るほど辛かった。それでも健康な身体と美しい肌を手に入れるため、糖質を断ち、玄米に全粒粉、そば以外の炭水化物断ちを心がけた。お陰で数年経った今では、糖質を欲することもなくなり、何もせず、自宅でゴロゴロしているだけでも疲れやすかった身体が、何時間でも歩き回れるようになり、偏頭痛や花粉症はいつの間にやら鳴りを潜め、しつこい大人のニキビにも久しくお目にかかっていない。

さて、所変わってただ今オーストリアにおり、たんぱく質の摂取を言い訳に、名物のウィンナーシュニッツェル（仔牛のカツレツ）や、ターフェルシュピッツ（ゆでた牛肉と根菜のスープ）をためらいもなく食している。とりわけ、ターフェルシュピッツに入っている骨髄をスプーンですくっていただくことに醍醐味を感じてしまい、コラーゲンと引き替えに脂肪も摂取する訳で、増加した体脂肪とおさらばするために、必死でジムに通う日々なのである。

ヌーディスト

新たな作品にて、少しだけ身体を大きくする必要が生じて、苦手な筋力トレーニングに勤しんでいる。

演ずるという職業は、歩くことはもちろん、ただその場にたたずむにしても、台詞を発するにしても身体全体を用いる、言わば肉体労働なので、日頃からある程度の運動はしてきたつもりだったけれど、重い負荷をかけて筋肉を大きくするためのトレーニングは、苦手中の苦手だった。

しかし、新たな役柄ではこれまでのトレーニングでは不足となり、ベンチプレスやデッドリフトなどの、筋骨隆々たる男性が好むような種目を渋々こなしている。

滞在中のウィーンでも、アパートから徒歩5分の場所にあるフィットネスクラブにて、眉間や目尻のシワが増えるのではないかと心配しつつも限界ギリギリの重いウエイトを歯を食いしばって持ち上げる日々なのだ。

加えて始めたのが殿筋群と腸腰筋、そして内転筋に効くという自転車で、ロードバイクでレースさながらに疾走する友人たちに随分と後れをとりつつも、電動アシスト付きのマウンテンバイクを必死で漕いでいる。

どうやらこちらではロードバイクはもはや文化となっており、高級車をこれ見よがしに乗り回すくらいなら、自家用車はエコカーや小型車にして、自転車に時間とコストを割き、愛情を注ぐことがステイタスとなっているようだった。

街中には至る所にバイクパスが敷かれており、自動車と自転車、そして歩行者、さらには路面電車までがうまい具合に共存している。

天候が優れた日には、まだ新しいマウンテンバイクに跨がり、ウィーン郊外に位置するローバウの森を目指してひた走るのだけれど、4月のある日、ドナウ川の支流沿いのあるエリアを走った際には、思わず目を見張ることとなった。

何とそのエリアは、ヌーディスト河畔だそうで、シーズンの始まりでまだ生白い肌を惜しげもなくさらし、歩行者や自転車が通過することなどまるでお構いなしに、寝転ぶ人々が何人もいたのだった。

上半身にはTシャツを身に着け、プリプリのお尻を太陽に向ける青年や、ビキニの下のみを身に着けたトップレスのお嬢さん、そして、重力に逆らえずに下がり始めた乳房を揺らしながら歩く全裸のご婦人に、同じくぶ〜らぶ〜らと両脚の付け根にぶら下がる物を隠すことなく歩く殿方、さらには、同性愛者が集まるエリアもあり、裸の男性同士が互いに見つめ合っていた。

ご存じの通り、ヨーロッパでは無駄毛の処理が当然のため、男女問わず、本来ならば隠すべきエリアが丸見えなのである。中には全裸でバドミントンに興じるご夫妻もいらして、自らの身体のいかなる部分が見えようとも、まるで意に介さないといった風情だった。

「見てはいけない」とは思いつつも、旺盛な好奇心がうずき、禁ずれば禁ずるほど、つい視線は裸の男女の方を追ってしまい、いつの間にかマウンテンバイクを漕ぐ足もおろそかになり、何度歩行者とぶつかりそうになったことか。

人様の人生を演じることを言い訳に、見知らぬ人の会話に耳を澄ませたり、振る舞いや身に着けているものから、職業やその人の辿ってきた人生を推察して楽しむ悪癖は、そうそう治りそうもない。

さて、ヨーロッパにて真夏のビーチで上半身裸になる女性はこれまでにも何度も目にしてきたし、私の友人にも、人目をはばかることなく、トップレスになる女性は何人かいる。

しかし、街中からさほど遠くない河畔で、歩行者が立ち止まって凝視しようと思えばできる場所で、かくもリラックスした姿で過ごす人々には、はからずも面食らった。

とは言え、彼らは決して変態なのではなく、自然への回帰と自由を求める「Frei-《自由》

körperkulture」通称「ＦＫＫ《エフカーカー》」であり、その歴史は優に１００年を越えるのだという。

いつの日か、彼らに交わって私も全裸で過ごすことがあり得るのだろうか？　いや、やはりどんなに「開放的で心地よい」と言われても、「誰もあなたのことなど気にしていない」と言われても、島国根性からは抜け出せず、とてもそんな大胆なことをする気にはなれないのだった。

片想い

東野圭吾さんの小説『片想い』が、WOWOWにて映像化されることとなり、性同一性障害に苦しむ主人公、日浦美月として撮影に携わっている。

物語は大学時代にアメリカンフットボール部の部員として絆を深めた仲間のもとに女子マネージャーだった日浦美月が約15年ぶりに現れ、「人を殺した」と沈痛な表情で告白することから始まる。そして、昔を知る友人達にとって殺人を打ち明けられたのと同じくらい衝撃的な「今俺は、男として生きている」という言葉がそれに続く。

今でこそ少しずつ性的マイノリティーへの理解は深まりつつあり、完璧ではないものの、彼らの権利も尊重される兆しが見えてきたけれど、原作が書かれた2001年当時はそうした方々に対する社会の眼差しは厳しく、とりわけ女性の肉体を持って生まれたものの性自認は男性であるFTMと言われる方々に関する情報は極めて少なかったように記憶している。

とはいえ、ヘアメイクアーティストをはじめとするクリエイティブな職業に就く方々の中には昨今LGBTQと総称される性的マイノリティーが比較的多く、同性愛者やトランスジエンダーに触れることは個人的には珍しいことでもなかった。

忘れ難きは、10代の折にCMの仕事で初めて訪れたロサンゼルスにて、目抜き通りのサンタモニカ・ブルーバードを歩行者天国にして盛大に催されていたLGBTQのパレードだった。レスビアンの女性も、ゲイの男性も、FTMの男性もMTFの女性も、そしておそらくバイセクシャルの方々も、人目をはばかるどころか、むしろ「私を見て！」、「僕を見て！」と言わんばかりに仮装をしたり、華やかに着飾ったり、あるいはシンプルに「I am gay」またはは「I am dike」とプリントされたTシャツを着て大通りを練り歩いていた。

若さゆえの無知と残酷さを携えて、そうしたパレードをおもしろい余興のように捉えた私は、当事者達の痛みや苦しみなどには目を向けず、沿道から高みの見物をしていた。

実際のところ、ゲイの友人には怜悧で頭の回転が速く、毒を含みつつも愛嬌のある話術で天才的に人を楽しませることのできる人物が何人もいて、好奇心旺盛で飽きっぽい私にとっては、どんな映画にも勝る最高のエンターテインメントだった。40もとうに過ぎた今思えば、それがどれほど身勝手で失礼だったか恥ずかしく思うけれど、当時はまだ彼らの心情を本当には理解していなかった。

自らのジェンダーを笑い飛ばし、人を愉快にさせることができるのは、痛みを知っているからこそで、本当は心ない人々の些細な言葉で彼らのプライドは散々に傷つけられてきたのだった。

いつだったかゲイの友人に、誰にも話したことのなかった秘密を打ち明けた瞬間があり、つい口が滑って「あなたはゲイだから話しやすい」と言って激怒されたことがある。彼のことを人間としてではなく、ゲイとして見ていた自らの浅ましさに気付かされた瞬間だった。

この度私が演じる美月は、生まれ持った性別に違和感を抱きつつも、両親の期待に応えるために女として生きようと、結婚して出産まで経験している。母親の死を転機に、自らを痛めつけ、抹殺してきた人生から、思うがままに男として生きることを選択したものの、事件に巻き込まれてしまうのだ。

犯人が早々に殺人を告白するこの物語は、巧みに練られたミステリーであると同時に、ジェンダーに悩む人々の悲痛な叫びを代弁するものであり、さらにはアメリカンフットボール部の仲間達の熱い友情の物語であり、性別を超越した愛の物語でもある。

男性ホルモンを打っているという設定の主人公を演じることは決して容易ではなく、骨格も声も、ホルモン投与下にある本家の方々にはとても敵わず、できれば逃げ出したいくらいで、正直なところ、何度か辞退を申し入れたほどなのだけれど、今さら乗りかかった船を下りるわけにもいかず、かつて傷つけてしまった友人へのせめてもの罪滅ぼしのつもりで、もがきながらも演じる日々なのだ。

ブロイラー

WOWOWのドラマ『片想い』にて、女性の肉体を持って生まれたものの、性自認は男性である性同一性障害の主人公を演じているのだけれど、撮影に先立って男性に近づくために励んだ筋力トレーニングにより、女性らしい身体のシルエットが失われてしまい、少々困惑している。

残念ながら定期的に運動をしなければ食べた分だけ肥えてしまう年齢となり、職業柄、肉体を酷使することもあって、平素よりインナーマッスルを鍛えるためのトレーニングに有酸素運動くらいはしていたものの、それに加えて目に見えてわかりやすいアウターマッスルを肥大させるための筋力トレーニングに励んだのだった。

100キロものウエイトを用いてのレッグプレスや、重量挙げ選手さながらのデッドリフトに、背中の筋肉を鍛えるためのローイングマシーンなど、自分の人生にはまるで無縁だと思っていた、顔を真っ赤にして歯を食いしばり、呼吸も止めて力むようなトレーニングを続けること約5ヶ月。

筋肥大のための栄養摂取にも気を配り、これまで長年愛用してきた大豆由来のプロテインから、動物性のホエイプロテインに変更し、運動の前後には必ず30グラムずつ、ＢＣＡＡやグルタミン、必須アミノ酸のサプリメントと共に身体に入れていた。

食事はもっぱらたんぱく質中心で、極レアに焼いたヒレステーキに半熟の目玉焼きや温泉卵をのせて、にんにく醤油に実山椒を加えたり、あっさりとポン酢で味わったり、石垣島ラー油を加えたりして、ひたすら肉食を続け、毎食後だけではなく、就寝前にもプロテインを欠かさなかった。

筋肉の破壊を最小限に留めるため、有酸素運動は控え、ブロイラーの鶏になったかのような頻回にわたる栄養摂取と、きついウエイトトレーニングに励むうちに、いつしか上腕二頭筋と三頭筋を合わせた腕の周囲は1・5センチほど肥大し、三角筋もふっくらと盛り上がり、僧帽筋に至っては、瞬く間に存在感を見せ始め、首が短く見えるほどになった。

ボディービルダーの方々が、自らの筋肉を鏡に映して悦に入る姿を冷笑していた私ですら、恥ずかしながら、どれほど筋肉が肥大したのか見たくて仕方がなくなった。

そうなると恐ろしいもので、身体の心地よい感覚から遠ざかり、筋肥大によって関節の可動域が狭くなりつつあることにも鈍感になって、体重が2キロ以上増加し、少々大きすぎる身体に変化してしまったことも、気にならなくなっていた。

しかし、そうこうするうちに、はたと我に返る瞬間が訪れたのであった。お風呂上がりに保湿をしなくとも、肌が潤うというライオンの画期的なボディーソープ、「hadakara」の広告撮影にて、白いキャミソールドレスを身にまとい、真っ白な背景をバックに写真撮影を始めてみたところ、ドレスが心なしか小さく感じられた。そして、Ｍａｃの画面に映し出された自らの姿を見てこの目を疑った。両腕で自らを抱きしめ、肌の潤いを実感するというショットにて、大きくなりすぎた大胸筋と上腕二頭筋、そして僧帽筋の盛り上がりにより、そこに写っていたのは丸々太った女装おじさんだった。

すっかり忘れていたけれど、写真や映像は1〜2割増しで太って見えるのだ。それにもかかわらず、さらに肥大した私の身体は、3〜4割増しで大きく見えるのだ。

男装をするには貧弱に見えたため、「もっと、もっと」と際限なく大きくしようとしていた筋肉も、女性らしい装いには全く似つかわしくなく、キャミソールドレスの華奢《きゃしゃ》な肩紐が載ると、ガッシリとした体軀が余計に強調されてしまう。

顔も頭も小さめの作りの上、男らしいショートヘアにしたため、身体が必要以上に大きく見えてしまうという目の錯覚も加わって、何とも言えぬ微妙な写りになっていた。

ありがたいことに、昨今はフォトショップという素晴らしい文明の利器が存在するゆえ、本来の体形に見えるよう、修正をしていただくという姑息な手段を選んだのだった。

今回はフォトショップで何とか急場をしのいだものの、果たして女性らしい姿に戻れる日は訪れるのだろうか……。

四十の手習い

今更ではあるが、普通自動車の運転免許を取得することとなった。これまで運転には全く興味がなく、車は乗せていただくものだと思い込んでいた。スピード恐怖症な上、他人の間に割り込んだり、急かされたりすることが苦手で、ハンドルを切り損ねて自ら岸壁に突撃するならまだしも、人様を轢《ひ》いたり撥ねたりするのはご免である。運転は車が好きで仕方がないという方に任せておけばよいというのが持論だった。

しかし、仕事の都合で車の運転が必要になる機会があり、仕方なしに、泣く泣く教習所へ通うこととなったのだった。

高齢者講習で訪れるお年寄りを抜かせば、普通自動車免許の取得を目指す教習生の中では最年長になるのではないかと思えるほど、教習所は若き人々で埋め尽くされていた。若者の車離れが叫ばれて久しいけれど、就職活動が有利になるようにと免許取得に勤しむ学生たちは、教習所と提携している大学から送迎バスで訪れ、気怠《けだる》そうに着席しては淡々と学科講習を聴講していた。

挿絵を用いたわかりやすい教科書と、少しでも楽しませようと励む先生方の話術により、学科講習は一瞬たりとも飽きることなく、むしろ興味が尽きなかった。

問題は、実技である。教習生の6割方はオートマチック限定免許を取得するこの頃において、実際にはマニュアル車を運転することはないものの、万が一、事故が起きたり、傷病者を救助する必要に迫られた際に役立つようにとマニュアル免許を選択した私は、年甲斐もなく慌てふためくこととなった。教習所の構内で初めて乗車した際には、20キロの速度すらものすごく速く感じられて、全身が恐怖に襲われた。腕も肩も足もガチガチに緊張し、必要もないのにブレーキを思いっきり踏んではクラッチを踏むタイミングを逃してエンストを繰り返したのだ。

対向車が来ようものなら、必要以上に避けようとしてしまい、幾度となく左端の縁石や壁にぶつかりそうになった。最初の教習で自信を失った私は、身の程もわきまえずにマニュアル免許取得を目指したことを悔やんだ。しかし、「最初からできたら我々仕事がなくなっちゃいますよ」とおっしゃる先生の言葉に救われ、「私も、普通免許を最初に取得した時、実技がうまく行かなくて、補習を受けたほどです」とおっしゃる先生に勇気づけられ、次第に運転をすることが楽しくなっていった。

それでも、仮免許発行後初めての路上教習ではパニックに陥った。信号での停止後にギアをローに入れることを忘れて、発進時にエンストを起こし、左折の際にはウインカーを出し忘れ、先生の指示により慌てて出したウインカーを止め忘れて50メートルほどウインカーを明滅させたまま直進したり、遠慮していつまでも右折ができなかったりした。

最も苦手だったのは、優先道路を走っているにもかかわらず、交差する道路から右左折車が顔を覗かせた際や、横断歩道のない道を歩行者が渡ろうとした際に、ペースを変えずに通り過ぎることだった。タクシーや仕事用の移動車などで後部座席に座っていた際には、全体の車の流れのことなど全く知らず、「少しくらい譲って差し上げれば良いのに」といつも思っていた。お陰で、視界に車や歩行者が見えると、つい止まりたくなってしまう。こちらは人助けのつもりで良い気分になっていたら、後続車からクラクションを鳴らされること数回。実は、目の前の歩行者には気を遣ったものの、後続車のことは全く考えていなかったのだ。

そうこうするうちに、縦列駐車や高速教習を経て、辛うじて本試験にも合格することが叶い、いよいよ運転が許されることとなった。

初めての運転はレンタカー。最小限の機能のみで、自力で運転しなければならなかった教習所の車から一転して、暗くなれば自動的にライトが点灯し、死角に人や車が存在すれば、サイドミラーについたランプで知らせてくれる上、車間距離や側方間隔が狭まると、自動的に制御してくれる大変賢い車である。こんなに甘やかされていいのだろうかと申し訳なく思いつつも、マニュアル車での苦労をすっかり忘れて、制限速度を大幅に上回る車の流れに踊らされることなく、後続車からのクラクションにもめげずに悠々と安全運転に勤しむ日々である。

ザルツブルク音楽祭

この夏、20年来の夢が叶った。いつの日か堪能したいと願いながらも、なかなか実現せずにいたザルツブルク音楽祭を訪れることができたのだ。

岩塩の採掘にて栄え、モーツァルト生誕の地として知られるザルツブルクでは、毎年盛夏の5週間、音楽と歌劇に演劇を加えた世界最大級の祭典が開催されており、名だたる指揮者のもと奏でられる素晴らしい音楽に耳を傾けるべく、オーストリア国民はもとより、世界中から聴衆が押し寄せる一大イベントとなっている。

私のようなにわか音楽ファンと異なり、毎年この音楽祭を訪れる人々は、指揮者と演奏家、そして演奏される音楽の組み合わせによって、何年の誰それのほうが良かったなどと、厳しい批評をする。

90年前の音楽祭の開催当初からお祖父様が後援会の会員となり、会員権を引き継いで毎年貴重なチケットが割り当てられるという友人兄妹などは、楽譜を読み込み、数々の録音を常に聴いているため、「今日はオーボエのソロにミスがあった」などと、細かい指摘をする一方で、素晴らしい演奏には無条件の賞賛を惜しまない。

　私の音楽祭デビューは、ベルナルド・ハイティンク氏指揮、ウィーンフィル演奏によるグスタフ・マーラーの交響曲9番だった。ザルツブルク音楽祭ではプローベといってリハーサルが公開され、本番のコンサートチケットが入手できなかった聴衆や、本番の鑑賞の前に完成形が作られる過程を指揮者や演奏家たちの表情とともに味わいたいという聴衆が、舞台裏ならぬ舞台上のドラマを垣間見ることができるようになっている。日本でもゲネプロといって、舞台の本番直前の最終リハーサルを記者の皆様や関係者にご覧いただくのだけれど、このゲネプロは、ドイツ語のゲネラルプローベ《総合リハーサル》を略したものなのだという。

　10代の頃に初めて鑑賞して以来、何度も繰り返し観てきた映画『ヴェニスに死す』の影響から、これまでマーラーの交響曲といえば5番が最高峰だと思っていた。とりわけ映画でも使われた第4楽章のアダージェットをアバドやバーンスタインの録音で聴きながら台本を覚えると、死にゆく役柄などはイメージしやすかった。

　しかし、マーラーの未完成交響曲10番を除外すれば、最後の交響曲ともいわれる9番を聴くのは初めてで、クラシックの名演奏を集めたお気に入りのアプリIDAGIOで今回のハイティンクをはじめ、様々な録音を聞き比べてプローベに備えると、なんと懐の深い曲なのだろう。

プローベの当日、ホーエンザルツブルク城を彼方に望む祝祭大劇場を訪れると、すでに多くの聴衆が着席していた。

コンサートマスターを筆頭にオーケストラのメンバーが着席し、いよいよ老齢のハイティンク氏が指揮棒を振ると、気位の高いウィーンフィルの面々が易々と、それでいて一音一音大切に奏でる様に鳥肌が立った。

自らの死を意識したマーラーがこれまでの作曲を振り返り、回顧録的に様々な曲の主題を引用しつつ仕上げたという9番は、第4楽章のアダージョで静かなるピークを迎える。弦楽のハーモニーにコントラバスの低音が重なった瞬間に思わず涙が溢れるほど素晴らしい曲だった。願わくは、聴衆が終了後の静寂を共有するひとときがあと30秒あったなら、より味わい深いものになっただろう。しかし、これは本番ではなく、あくまでもリハーサルであり、聴衆が余韻を味わうことよりも、本番に向けて指示を出すことの方が大切であることは、疑いの余地もない。

気の早い話ながら、自らの死に際しては、通夜や葬儀はおろか、墓碑なども一切望まないかわりに、マーラーの5番の第4楽章を聴きながら永遠の眠りに就きたいと思っていたものの、この度の演奏を耳にしたことで、むしろ9番の第4楽章こそ相応しいという欲求が頭をもたげはじめた。

「板の上で死にたい」とか、「最期のカットを撮り終えてから息を引き取りたい」などというドラマチックな考えは全くなく、早々に潮時を見極めて仕事から解放されることを望んでいる。マーラーの9番のアダージェットを、「客席で聴きたい」とまでは言わないので、自宅もしくは、上げ膳据え膳の病室にて、名演奏の録音で流していただければ、悔いなくこの世を去ることができるだろう。

黒蜥蜴

江戸川乱歩の原作を三島由紀夫が戯曲化した『黒蜥蜴《くろとかげ》』にて再び舞台に立つこととなった。演出は、25年にわたり日本でも数々の作品を演出していらしたデヴィッド・ルヴォーさんで、あの名探偵・明智小五郎を井上芳雄さんが、女賊・黒蜥蜴を私が演じることになっている。

先日3日間だけのワークショップが開催され、これまで名だたる俳優さんたちが、その指導を乞うたルヴォーさんの魔法のような演出の一端に触れることが叶った。

集団生活をめっぽう苦手としており、数少ない演劇経験では、決して大きくはない劇場にて最小限の人数と行動を共にしてきたため、25人もの大所帯での作品作りはいかほどのものかと少々身構えていた。

ミュージカル界のプリンスという称号をほしいままにしつつ、ストレートプレイにも果敢に挑戦なさる井上芳雄さん、映像に加えて小劇場でも経験を積んでいらした相楽樹さん、かつて宝塚歌劇団にてトップとして君臨していらした上、男装を脱ぎ捨てた後は女優としても圧倒的な存在感を放つ朝海ひかるさん、演劇界にて半世紀近くもご活躍のたかお鷹さん、国内外を問わず優れた演出家たちに愛されていらした成河さんをはじめ、技も感性も磨かれた役者さんたちに、これから演劇の世界を担っていくであろう若手の役者さんや、コンテンポラリーダンサーの方々などが加わり、年齢も性別も背景も様々に異なる人々がひとつの作品のために集められたのだ。

ワークショップの1日目は、「三島は、この作品で匂い立つような死とエロティシズムを表現しているけれど、それは彼自身の死への憧憬と若さへの執着に重なるものがある。そしてこの作品を重厚な舞台美術で描くのではなく、今の時代に即した形で表現したいと思っている」とおっしゃるルヴォーさんの言葉に続いて本読みに時間を費やすこととなった。

達者な役者さんたちの想像力により、三島由紀夫の美しい言葉が立体となって浮かび上がり、物語にスピードと奥行きが加えられ、詩的な言葉に隠された意味を心に問われているような感覚をおぼえた。

ルヴォーさんの人心掌握術は、かねてより耳にしていたものの、2日目の始まりで、全員の緊張を瞬く間に取り除き、チームワークの形成をいとも簡単に成し遂げたことで、その評判に偽りのないことが明らかになった。

両手を開いてぶつからない距離を取りつつ円陣を組むよう指示された私たちは、拍手のリレーをすることになる。「ほっ」「はっ」「あっ」などと、声を出しながら隣人に向けてパンッと拍手を送り、隣人から受け取ったエネルギーとリズムをそのままに、隣人にさらなる拍手と声を受け渡すということの連続は、稽古場に生まれたグルグルと巡るエネルギーに集中させることで、緊張から互いの顔色を恐る恐る窺っていた私たちの心の殻を破り、ひとつの目標に向かって皆で励むための呼吸を整えてくれた。

二人ずつペアになって二人羽織で隣のペアと会話をするというエクササイズは、とてつもなく愉快で抱腹絶倒した。会話をしている役者さんたちの心情と、背後に隠れている役者さんによる手の動きが見事に連動していて、動きが先なのか、言葉が先なのか見分けがつかぬほどだった。小道具など何も与えられていないにもかかわらず、リモコンの操作をしているように見えたり、ペットボトルのお水を飲む様が見えたり、隣の人の耳に触れてみたり、互いをなじり合ったり、聴衆のひとりをやり玉にあげて笑いものにしたりと、リアルで、可笑しな対話が繰り広げられた。

その傍らで「人生は、短い」と、日本語でつぶやくルヴォーさんにクスッと笑わされ、また、「それも人生」などと、諦めとも肯定とも、あるいは皮肉ともとれる言い方でつぶやく姿に、ずるいなぁと思いつつも、最後まで騙されてみようかと思えたのだった。

明智小五郎と黒蜥蜴のごとく、演出家と役者の関係も騙し合いに等しい。騙したつもりが騙され、どちらかが、あるいは互いに騙された振りをしたりもする。運良く優れた演出家に出会ったら、四の五の言わずに素直に騙された者勝ちなのだ。

野良仕事

夏の約2ヶ月を自然豊かなザルツブルクにて過ごしたのだけれど、憧れの田舎暮らしでは、東京では当たり前に手に入ったものが、そう簡単には手に入らず、自ら身体を動かし、労働をしなければ手に入らないことも多かった。

まずはごみ出しであるが、有料の上、二週間に一回だけの回収のため、日頃からごみを最小限にするよう努める。生ごみはコンポストに投入し、食事は残さぬように少なめに盛り付け、お鍋の中の残り物も極力食べきるようにした。リサイクルごみは、自治体が設ける簡易集積所に自ら持ち込むことが必須となる。それも週に2回だけ訪れる簡易集積所の開放日に、段ボールやポリプロピレンの容器などを車に載せ、雨であろうが炎天下であろうが、それらを移動させるのである。東京のマンションにて24時間、年中無休でごみ出しを許されていることが、どれほどありがたいことだったのか、改めて思い知らされた。

欧米諸国の人々は概して他人のことなどお構いなしで、自己主張が強いものだと思っていたけれど、オーストリアの人々は日本人の感覚に少々近いものがあり、人目を気にして極力目立たぬよう保守的な装いを心がける方が多くいらしたり、とりわけザルツブルクの田舎ではご近所同士の相互扶助の精神も強く、景観を乱さぬように細心の注意を払う必要がある。庭の芝刈りを定期的に施すことはもちろんのこと、テラスや窓辺に据えられたフラワーボックスにお花がないなんてもってのほかである。

本来ならば、白いお花だけの単色か、せいぜいグリーンを加えただけのシンプルなコーディネートで盛夏のテラスを彩るつもりが、嵐の中、ずぶ濡れになりながら生花店にて購入した花たちは、すでに近隣の方々が買い尽くして品薄状態で、ピンクに黄色、青に紫と、少々雑多な色合いになってしまった。

購入したばかりのマウンテンバイクやロードバイクにて大小様々な家を通り過ぎる度に、美しく整えられた窓辺のフラワーボックスを眺めては、次こそはもう少し趣味の良いコーディネートにしようと心に誓うのであった。

ご近所への気遣いを物々交換で表すことも、懐かしい感覚だった。家庭菜園で採れたというミニトマトに加えて自家製のアプリコットジャムもくださったご婦人には、日本から持参したポン酢を差し上げて喜ばれた。ご近所ではないものの、ザルツブルクの市内に大きな邸宅を構える友人宅に招かれた折には、海老のガーリックソテーに、自家製のホットスモークサーモン、そして家庭菜園のジャガイモをバターとパセリで和えたものが振る舞われ、手土産にと暇つぶしに飼っているという鶏が毎朝産み落とす有精卵を4つほどいただいた。

日本ではDIYが流行って久しいけれど、あちらでもペンキ塗りや、多少の大工仕事は業者に任せるものではないらしく、家具の組み立てに初めて取り組んでみると、なかなかどうして楽しいものであった。

晴れた日には慌てて洗濯物を干しては山歩きやサイクリングを楽しみ、雨が降れば買い物をしたり、フィットネスクラブでゆるやかな筋トレをしたりしてやり過ごし、曇りの日には庭仕事をして、その傍らでコンサートやオペラを存分に鑑賞していた忙しい日々も終わりを迎え、ザルツブルクを離れることとなった。

祭りの後は少々寂しいものだけれど、盛夏の余韻を残しつつ、ほどなくして訪れる冬に備えて薪棚をこしらえることが最後の仕事であった。電話一本で近所の牧場の若旦那が一年分の薪を持って来てくださるという。いつもはトレーニングのために歩いていた裏山から、干した薪を更に小さく割る音がカ〜ン、カ〜ンと響き渡り、1時間ほどしてトラクターに牽引された薪の山が家の前に降ろされた。

今しがた割られたばかりの薪のほのかな香りを楽しみながら、壁際に薪を積んでいく。少々太いものや、やせ細ったものなど、様々入り交じるそれらをできる限り均一に並べるのだけれど、素人の私ではあまりうまくいかず、ところどころ無駄な隙間ができてしまう。

　薪をただ積み上げていくだけの作業は、存外に難しく、二日がかりの仕事であったけれど、いつしか現代アートのように美しき薪棚を組めるようになることが、目下の目標である。

日欧文化交流

オーストリアはザルツブルクより友人兄妹がやって来た。

兄のEは有機化学の博士であり、生化学の博士でもあり、暇を持て余した挙げ句、3つめの博士号を志して現代哲学を学ぶ男性で、これもまた暇つぶしに世界中の海へ潜っては深海鮫の写真を撮影し、オーストリアを拠点とする某飲料メーカーが発行する雑誌に鮫が大口を開けて迫って来るような臨場感のある写真と共に記事を寄稿したりしている。

内臓系の疾患で体調を著しく崩した経験があるにもかかわらず、エクストリームスポーツに興じて、ロードバイクやマウンテンバイクでは幾度となく転倒し、パラグライダーでも飛行中に墜落してドクターヘリで救急病院へ運ばれたという。何度も同じ病院に担ぎ込まれるうちに、とうとう名前の刻印されたコーヒーカップが差し出され、いよいよ自分の生き方を改めなくてはと、スピードを競うロードバイクや高所ゆえの危険を伴うパラグライダーを諦めたらしい。

真夏の照り返しの強い山であろうが真冬の雪山であろうが臆することなく登り続けてはい

るものの、鶏を飼い、家庭菜園を楽しみ、飼い始めて間もない愛犬のために極力自宅で過ごす時間を作るようにしているという。

Dは E の妹で、私の憧れの女優でもあるジャンヌ・モローに顔立ちが似ていて、クールでありながらどこかチャーミングな女性で、獣医師であるご主人と共同で動物病院を経営している。

彼女によると、動物を無条件で愛する懐深き飼い主がいる一方で、わがままで無責任な飼い主が自ら預けた動物たちの手術代の支払いを拒んで「むしろそのまま殺してくれて結構」などと言って消えてしまうこともあり、無償で手術を施すこともあるという。無責任でないほうの飼い主にとっては子供同然の愛犬や愛猫が瀕死の状態となれば、夜中であろうが電話は鳴るわけで、眠い目をこすりつつクリニックへ出かけて行くほど、仕事に責任と愛情を持っている。

また、嬉しいことに日本人のマナーをあらかじめ本で学び、両手で器を取り上げたり、日本人と同じようにお辞儀をしてみたりする優しさを備えている。

さて、二度目の訪日の E と初めて日本へ降り立った D をどこへ案内するかではずいぶんと気を揉んだ。自然の中での冒険と良質な商品の買い物を求めるせっかちな E と、美食と文化交流を求める D の双方を満足させる場所はなかなか難しく、京都で訪れた金閣寺では「こんな人混みはもう結構」と双方から言われてしまった。

その一方で、両者とも大徳寺の静謐《せいひつ》な空気や、銀閣寺の秘めた美しさ、東寺の五重塔のスケールには感嘆していた。

お鮨屋さんではヨーロッパにて最も人気のあるサーモンがないことを説明するのに気を遣った。いい仕事をするお鮨屋さんにはサーモンはないものだと言いあぐねて、結局本当のことは言えずじまいだったけれど、サーモンの握りが大好きなEは落胆していた。

また、おそば屋さんで、周囲の人々が老若男女問わずズルーッと音を立てておそばをすする音には苦笑を隠せない2人だった。

天ぷらを所望していた彼らを大好きな小林さんのお店へ案内すると、白子の天ぷらには一瞬硬直しつつも、オーストリア中の友人知人、親類縁者に語るべきネタが見つかったとばかりに写真を撮り、様々想像を膨らませて大笑いしていた。

私たち日本人が、フランスにて皮を剝《は》がれた兎がお肉屋さんに並べられているのを見て驚愕するように、彼らはフカヒレを供するお店には絶対に入らないし、鯨を食べる文化にも懐疑的な姿勢を崩さない。

活きた伊勢エビが目の前で捌《さば》かれたり、得体の知れない食材が供されるのはカルチャーショックだったに違いない。

実は小林さんのご厚意で、スッポンを炊いたスープもご用意下さっていたのだけれど、スッポンの身は抜いていただき、スープのみを鶏のスープだと偽って出したところ、「上質なコンソメスープみたいだ！」と言って喜んでいた。野蛮人だと思われることは承知で後ほど、正直に白状すると、「まさかウミガメではないよね？」と何度も確認していた。

彼らの視点から見ると、過剰な包装やプレゼント合戦、いつまでも終わらぬ挨拶など、私たちにとっての常識はおかしなことばかりなのだろう。もちろん改善すべき不要な習慣は多々あるにせよ、良くも悪くも私たち日本人の培ってきた文化なのだからどうぞご容赦を。

演劇学校

舞台『黒蜥蜴』が程なくして開幕となる。江戸川乱歩の名探偵明智小五郎シリーズの中から、三島由紀夫が戯曲化した極上のエンターテインメントで、日本においても25年以上にわたり数々の作品を制作していらした英国人演出家のデヴィッド・ルヴォーさんが指揮を執る。美と犯罪に取り憑かれた得体の知れない怪物のような女性を演じるには、それ相応の気力と体力が必要で、演劇界の母と慕う草笛光子さんからの「あなた、あの役を演じるなら存在感が大事だから痩せちゃだめよ。食べるのよ！」というアドバイスを拠り所に、この一年ほど筋力トレーニングと、ロードバイクなどの有酸素運動にて体力の向上をはかり、ひたすら肉食に励んで身体の軸から作るよう努めてきた。

さて、噂に聞きし、誰もが羨むルヴォーさんの稽古場は、最小限のスタッフ以外は入室禁止で、演出家と役者との間に、フラットで親密な関係が作られる。電卓ばかり弾く人々や、作品の内容に興味のない人々が関与する余地は一切削がれ、純粋にこの作品に身を捧げる者のみが同席を許されるのだ。

偉大な演出家でありながら、いや、偉大な演出家だからこそ、我々出演者を威圧するのではなく、ご自身の考えを無理矢理押しつけるのでもなく、「明智を失った黒蜥蜴が心を開くことのできる最後の砦が愚かな火夫《かふ》の松吉、言わば、リア王にとっての道化だとしたらどう感じるだろうか？」などと常に私達に問いかけることによって、自ら考え、行動するように導いてくださる。

そして、自ら導き出した答えのように思えても、全てはルヴォーさんの掌の上で踊らされているのであって、それこそが演出なのだと唸らされるのである。

熟練した演技者はすでに演技をすることを投げ出し、自らの痕跡を残すことに必死になったりはしない。優れた戯曲と優れた演出家を目の前にして、挑戦はすれども、無駄な抵抗はしないのだ。

同様に、演出家もまた、自らの威光を振りかざしたり、勲章やトロフィーをちらつかせる必要もなく、演技者の心の扉をそっと開くだけで、自らの意のままに人を動かし、時に思いがけないハプニングから生まれたものをすくい上げて承認する。

ルヴォーさんの稽古場では「No!」という言葉を聞くことは稀で、「Yes, and…」もしくは、「Yes, but…」という言葉があるのみだ。

大変に申し訳ないけれど、出演料を頂戴して演劇学校に通わせていただいているかのようで、この『黒蜥蜴』とシェイクスピアのいくつかの作品が、いかに関連性があるかについて講義を受ける機会にあずかっている。

第一幕は、「暗黒のロミオとジュリエット」、第二幕は「夏の夜の夢」、第三幕は「リア王」との副題を付けてくださり、ルヴォーさん曰く『黒蜥蜴』に携わって、晩節を汚したリア王の心境がよりよくわかった」とのこと、私も黒蜥蜴が正気を失っていく過程で、領土を失い、娘達を失ったリア王の孤独に気持ちをシンクロさせながら演じている。

三島由紀夫が戯曲化するにあたり、明智小五郎と黒蜥蜴とのロマンチックなラブストーリーに焦点を当てて描いているのだけれど、決して心を奪われてはならない相手を愛してしまう悲恋の物語という点では、やはりルヴォーさんのおっしゃるとおり暗黒のロミオとジュリエットと言えるだろう。

恥ずかしながらシェイクスピアを原文で読んだことは一度たりともなかったのだけれど、「シェイクスピアの作品は全て強弱五歩格、ティタム・ティタム・ティタム・ティタム・ティタムという美しいリズムで書かれている。今日のリアリズムを追求する風潮ではこれをあざ笑う人々もいるけれど、とにかくシェイクスピアはそのように書かれているんだ」というルヴォーさんの言葉に促されて、ペラペラと頁をめくってみると、なるほど美しいリズムに見事な韻が踏んである。日本には観阿弥、世阿弥親子による能楽の謡や黙阿弥による歌舞伎の七五調といった美しいリズムがあるように、彼の国には、人間の深い業を普遍的な物語として描いた音楽のような作品が存在する。原文で全てを読むことは叶わずとも、オーディオブックで楽しんでみようではないか。

終幕

ひたすら美を求め、自らの美学のためなら死をもいとわない女賊「黒蜥蜴」を演じた日々が終幕の時を迎えた。

日生劇場という三島由紀夫が最も愛したと言われる劇場にて、彼の文豪が綴った宝飾品のような言葉を口にする日々では、苦悩と悦楽が常に共存していた。

演出家のデヴィッド・ルヴォーさんは、三島への最大限の敬意を払いつつ、ほぼ何もない空間に役者の身体と声、そして生バンドの演奏によるタンゴを基調とした音楽とわずかな映像のみで、必要以上の説明をせずにお客様の想像力を喚起させる演出に徹していた。

古き良き時代の映画のスタジオのような無機質なグレートーンの空間に可動式のガラス天井をしつらえ、ホテルの部屋や船の甲板、船室などを目に見える形で具体的に見せるのではなく、限られたプロップと、自在に動かすことのできるドア、半透明のスクリーンを張ったワゴン、それらを音楽に合わせてリズミカルに、優雅に動かすアンサンブルの皆さんのフォーメーションによって、瞬く間に転換がなされ、観客の皆様を日常とは異なる世界へ誘うのであった。

美しいものを永遠に美しいままで手元に置きたいという黒蜥蜴の執着は、「ダイヤでもサファイヤでも、寶石《ほうせき》の中をのぞいてごらんなさい。奥底まで透明で、心なんかもってやしないわ。ダイヤがいつまでも輝いてゐて、いつまでも若いのはそのせいよ」という台詞にこめられており、エジプトの星と称する113カラットのダイアモンドを入手するだけでは飽き足らず、宝石商の娘を剝製にして、永久に美しいまま保存したいという欲望に駆られる。

三島自身の老いることへの恐怖、そして愛という曖昧で目に見えないものを恐れ、嫌悪しつつも、どこかで真実の愛を求めていた節が、物語の至る所に散見され、三島自身の矛盾した感情が黒蜥蜴の痛みとなって、彼女を孤高の存在とし、救いようのない孤独へと追いやるのだ。

この作品を演じながら、常に頭を離れなかったのが、ドキュメンタリー映画『イヴ・サンローラン』だった。

若くしてクリスチャン ディオールのデザイナーに抜擢され、ファッションの世界に偉大なる変革をもたらし、時代の寵児としてもてはやされたイヴ・サンローランは、その栄誉と成功の傍らで重圧に苦しみ、孤独にさいなまれていたという。洋の東西を問わず、妄信的に収集したアンティークの美術品は、モロッコの瀟洒《しょうしゃ》な別荘に所蔵されているものの、それらは決して美しく陳列されていたわけではなく、むしろゴミ屋敷のような様相を呈していた。ひとつひとつは驚くほどの値打ちのある品であったに違いないが、それらがのべつまくなしに詰め込まれた大きな部屋は決して美しいと言える代物ではなく、むしろ、高額とはいえ役立たずのガラクタを買い占めて一瞬の高揚感を得ても、瞬く間にそれに飽きてしまい、次の獲物を獲得しても決して心が満たされることはなかったであろうことが顕著に表れていた。実際彼は、薬物やアルコールに溺れ、人との接触を断ち、一年のうちで笑顔を見せたのは、ファッションショーの日だけだったという。

その虚しさは、黒蜥蜴の「あれだけの努力と危険の末にかうして集めた寶物《たからもの》の只中で、私は一人ぽつちだわ。誰にたよればいい。何にたよれば？」という台詞を述べる度に、私の頭の片隅にあり、松吉という火夫に扮した明智小五郎に心許す瞬間、とてつもない虚無感を私の心にもたらすのだった。

公私共にサンローランのパートナーであった、ピエール・ベルジェ氏が彼の死後にクリスティーズのオークションに全てのコレクションを出品し、手放した後、ひとりその場を去る折に、鉄格子が閉まる音のなんと切なく響くことだろう。

黒蜥蜴が自ら服毒して命を絶った後、明智小五郎が述べる「本物の寶石は、もう死んでしまったからです」という台詞を目を閉じたまま耳にする度に、鉄格子の鈍い音が頭の中でこだましていた。

　三島由紀夫の美しい言葉を、大切にお届けしようと、毎公演、手に汗を握り、綱渡りのような気持ちで挑んだ一方で、その美しい言葉をデヴィッド・ルヴォーさんに導かれて咀嚼《そしゃく》し、信頼できる仲間達と分かち合い、全てを委ねて演じることができたことは、極めて幸せであった。

不協和音

春の兆しもまだ見えぬ2月のニューヨークにて、カーネギーホールを訪れた。

霧雨が降り続き、依然として寒さ厳しきなか、暇つぶしの小説などを片手に、当日券を求めて早朝から並ぶ人々は、ヴェネズエラ出身のグスターヴォ・ドゥダメル氏がタクトを振るウィーンフィルのコンサートを待ち望んでいた。

3日間の公演において、耳の肥えたニューヨークの聴衆のお眼鏡に適う新旧様々な音楽が演奏されるなか、個人的なハイライトは2日目に奏でられたグスタフ・マーラーの「交響曲10番」だった。

グスタフ・クリムトやエゴン・シーレと同時代に生きたマーラーが死ぬ間際に未完成のまま残した草稿から、完成度が高い第一楽章のアダージオのみを抽出しての演奏をどれほど心待ちにしていたことか。

マーラーの音楽家としての生涯は、妻でありかつては作曲家でもあったアルマ・マーラーなしには語れない。クリムトのモデルとして彼を虜にし、その後も作曲家のツェムリンスキーを魅了し、挙げ句にマーラーと結婚したものの、争いは絶えず、バウハウスを代表する建築家として名を馳せたヴァルター・グロピウスと道ならぬ恋に落ち、マーラーに底知れぬ苦悩をもたらしたというアルマ。彼女の伝説はそれに帰結せず、マーラーと再び添い遂げることを決意したものの、彼の死後、画家のオスカー・ココシュカとただならぬ関係となり、その後再びグロピウスとの仲を深め、再婚することとなった。あらぬことかグロピウスとの関係も冷めると、詩人のフランツ・ヴェルフェルと3度目の結婚までしている。時代を代表するそうそうたる芸術家達の心を翻弄し、才能の開花に貢献もしたファムファタールである。

　マーラーは自身と同業の作曲家であったアルマに仕事を辞めて自分に尽くすことを強いており、果たして彼女が稀代の悪女であったか否かは、当人達のみぞ知るところだけれど、アルマの不貞に悩んだマーラーがフロイトの援助を仰いで、精神分析に時間を費やしたことはよく知られている。

　グロピウスとの逢瀬を重ねるアルマへの愛憎、そして苦悩、諦念、果てはマーラーが辿り着いたであろう無償の愛の境地が痛切に感じられる「交響曲10番」は、哀愁漂うヴィオラの不穏な旋律から始まった。多くの場合、ヴァイオリンの高音とチェロの低音、そしてコントラバスの重低音に紛れて慎ましく響くヴィオラが、この第一楽章に限っては珍しく主題とも言える旋律を任されたのは、中間を担う楽器ゆえの哀切な音を作曲家が求めていたからなのだろうか。

しばらく後にヴァイオリンやチェロが加わって、美しいハーモニーに身を委ねる心地よさを味わったのもつかの間、不協和音がそこに重なった。素晴らしき未完の断片は、大胆不敵な不協和音に彩られ、私達聴衆の心に深い爪痕を残す。それはマーラー自身の葛藤や心の傷を表しているかのようでもあり、調性音楽の破壊という、新たな時代の幕開けを受け入れているかのようでもあった。個人的には、この不協和音がたまらなく好きである。まるで出汁の旨みに加えてピリッと山椒の辛みを利かせたような、あるいは甘い主菓子と共に味わう濃茶のような苦みを含む音が、心地よく感じられる。ただ美しいだけの旋律、耳に優しいだけの和声ももちろん好きだけれど、それだけでは少々物足りず、かといって難解すぎる現代音楽を全て理解できるわけでもなく、ギリギリの調性を保っているマーラーの「交響曲10番」や、一年前に同じカーネギーホールでウィーンフィルが演奏したシェーンベルクの「浄められた夜」、そしてバルトークの「管弦楽のための協奏曲」などが、私の琴線に訴える程よい不協和音を含んでいる。

この度も、マーラーの悲痛な叫びが不協和音とともに押し寄せてきて、更にはその不協和音すら美しく奏でるウィーンフィルの音色に心震わされ、溢れる涙を止めることができなかった。

出身国の政治の動乱に巻き込まれて割を食ったためか、ドゥダメル氏にはかつての無邪気さは見られず、ずいぶんと大人びて少々お行儀良くなってしまったように見受けられた。それでも、手先の流麗かつ繊細な動きは健在で、謙虚で優しい人柄、音楽への愛が滲み出ていた。

パッチワークファミリー

しばしの間、パリの友人Bの娘達ふたりが我が家に滞在していた。

実は、彼女達は本当の姉妹ではなく、いわゆるステップファミリーとかパッチワークファミリーなどといわれる新しい形の家族の構成員で、友人の実の娘のLとは、彼女がまだ3歳だった頃に出逢い、今やすでに25歳だという。一方のTは、友人のパートナーで現代アートの画廊を営む男性Aの娘で、Lと同い年である。

思えば友人が美術商の彼と初めてデートをした16年ほど前の夜、彼女には内縁の夫がおり、私はなぜかその初めてのデートにカモフラージュ要員として同席させられ、彼が化粧室へ用を足しに行っている間に、こっそり口紅を引き、「ねぇ、彼って素敵だと思わない？」と少女のように高揚する10歳も年上の友人を制することはしなかったため、ある意味共犯者である。

あの晩以来、ふたりは親交を深め、しばしの時間をかけてBは内縁の夫Gとの関係を解消し、Aとの新たな生活を始めた。

Bには L という娘が、Aには T という娘がおり、二つの家族が共に暮らし、同い年の娘同士が馴染むまでは、少なからぬ時間がかかった。

ほどなくして、L の父親 G にも新たなパートナーが現れ、T の母親にも新たな家族があり、娘達 L と T は、それぞれふたつの家族の間を行ったり来たりしながら、もがきながら、ぶつかり合いながら、ときに心を閉ざしがちになりながら、多感な時期を過ごしたことであろう。

フランスでは離婚率が高い上、もともと籍を入れずに子をなすパートナーシップを選ぶ人人も多く、婚姻という制度に囚われずに、家族を築くことは決して珍しいことではない。

そして、新たなパートナーと新たな家族を築いた後に、それぞれのパートナーと子供を伴って、新旧の家族が皆で夏のバカンスを過ごすことも、当たり前のように行われており、大人の都合で離ればなれになった家族ではあるものの、子供達のためには、離ればなれになった元夫婦もクールで成熟した関係を築いている。

それでも、当の子供達にしてみれば、新たな家族に馴染むまでには相当な葛藤があることは想像に難くないし、結局統合がうまくいかず、一家離散となる家族もあるであろう。

L と T は恐らく私の知る限りでは、決してふたりだけで旅行に行くような関係ではなかった。L は母親の B には遠慮なく物を言い、ステップファーザーの A とは馴染まず、ステップシスターの T とは、もし学校で同じクラスにいても友人にはならないタイプだった。T はステップマザーのBにも同性で同い年のLにも遠慮しているように見え、口数少なく慎ましく、度々実の母のもとで長期滞在していた。

それがどうしたことか、ふたりだけで中国や日本を巡る旅に出ると言い、ましてやLは台湾にて北京語を学ぶべく留学までしているという。

ギザギザで凸凹のパッチワークファミリーは、しばらく会わないうちに統合が進み、互いを認め、尊重し合うよき形へと変化していた。

Lには口が裂けても言えないけれど、私がフランスでの滞在を断念し、パリのアパートを引き払った理由のひとつがLだった。彼女が8歳くらいの頃だっただろうか、Bのカマルグの別荘に数日滞在させていただいた折、複数の家族が同時に滞在しており、子供達の数は7〜8人に及んだ。そのなかで幼いながらボスとして君臨していたLは、フランス語がままならない私を嘲笑い、私の下手なフランス語を真似した挙げ句、指で目をつり上げて、アジア人を揶揄するような辛辣な言葉を浴びせた。もちろん子供ならではの残酷さであることは承知していたものの、大人のいない場所でのみ繰り広げられたその意地悪を、友人達には決して言えず、まだ20代だった私にはそれが結構こたえた。

そんなLが、中国語を専攻し、台北に滞在するなどとは想像も及ばず、舞台『黒蜥蜴』の稽古を観たいと自ら申し出て、長い稽古の最中、途中退席することもなく、最後まで英語訳の戯曲と照らし合わせながら食らいつくように鑑賞し、興奮気味に溢れ出る感想を述べる姿に、古傷が癒やされ、救われた。多感な時期を多くの葛藤とともに歩んだはずの彼女が、屈折することなく、むしろ視野広く、懐深く、慈愛に満ちた女性に成長した姿がなんと嬉しかったことか。

あなたには帰る家がある

山本文緒さん原作の『あなたには帰る家がある』というドラマにて、主人公の働く主婦、佐藤真弓を演じている。

行かず後家と言われて久しく、「結婚しなくては幸せになれない」などとも思っておらず、むしろ結婚式が幸せのピークで、その後の出産、そして職場復帰を経て、夫への不満を募らせ、家庭内でヒステリックになってゆく友人、知人たちの姿を見て、「結婚は人生の墓場」という言葉の真実味を感じるばかりで、この度の佐藤真弓のような役柄が巡ってきたことは我ながら珍しいと思っている。

真弓は娘の中学受験を見届け、いよいよ家計が逼迫《ひっぱく》してきたため、旅行会社のかつての同僚からの誘いに乗じて職場復帰するのだが、十数年のブランクで失ったものは多く、当然ながら現役時代の常識は通用しない。アップデートされたシステムについて行けず、年下上司から嘲笑されるのだ。新卒の新入社員並みに無知で、それでいて新卒の若者ほど憶えが早いわけではなく、足手まといとなってしまうのだから仕方がない。

すっかり自信をなくして帰宅すれば、夫秀明は洗濯物を取り込むこともせず、ソファーにもたれかかってテレビをまんじりと眺めている。家事全般が苦手であるにもかかわらず、家族のためになんとか頑張ってきたつもりの妻は、そこで思わず口にする。「パパはいいよね、帰って来たらご飯はできてるし、掃除も洗濯もされてるし、仕事だけしてればいいんだから」と。

何もしない夫に対して言いたくなる妻の気持ちは、既婚未婚問わず、女性なら誰しも感じたことのあるリアルな感情であろう。その一方で、上司や顧客からの多大なるプレッシャーに耐えながら必死で働いて帰宅したと思ったら、妻にガミガミと言われる夫の気持ちも苦しかろう。

倦怠期の夫婦にありがちな、妻と夫の気持ちのすれ違いは、ほんの少しの思いやりがあれば解決できるはずなのに、互いが相手への感謝よりも不満を増大させて、近くにいるのにわかり合えない残念な夫婦のできあがりである。

住宅メーカーにて営業職に就いておりながら、戸建ての家を売った件数は、事業所内で最下位で、会社にも家庭にも居場所のなさを感じる秀明は漫画喫茶で学生時代から好きだった映画を鑑賞して時間をつぶす。

そのようなごく平均的な家庭の、ごく普通の人々の暮らしにも容赦なく魔の手は忍び寄るものだから、小説やドラマの題材に事欠くことはないのだろう。

勤務する住宅展示場に、自宅の建て替えを検討中で訪れた柔和で貞淑な女性綾子に魅了されてしまった秀明は、時代錯誤もはなはだしいモラハラ夫茄子田太郎の存在を知りながら、いやむしろ、その夫こそが決済権を持つ大事な顧客でありながら、顧客の妻との許されざる逢瀬を繰り返すのだ。更にその寝取られ夫茄子田太郎が、奇遇にも職場復帰した真弓の顧客でもあったものだから困りものだ。

他人からは端整な顔立ちで、優しそうな理想の夫に見えるものの、営業成績も上がらず、家族にも道ならぬ恋の相手にも良い顔をしてしまう秀明は、決して優しいのではなく、八方美人で優柔不断なだけで、結局誰のことも守れない情けない男である。

一方、私の演じる真弓も「パパのお給料だけじゃ厳しくなるかもね」などと、冗談でも口にしてはいけないことを平気で夫に言ってのける無神経さを持っているし、夫の繊細さに理解を示す気配は毛頭なく、日々の料理は手抜きと雑の極みである。

さて、夫の浮気など早晩バレてしまうもので、この先、二組の男女は共に夫婦の危機を迎えることとなる。「浮気される方にも原因がある」などと、こともあろうに茄子田夫妻の双方から言われてしまう真弓は、傷ついた自らの心に蓋をして、痛みを感じないようにと強がり続けるものの、いつしか心の砦は決壊し、娘の前で明るい母親を装う自分と、秀明を許せず苦しむ自分との間で引き裂かれそうになるのだ。

　辛口で容赦ないリアリティーを含みつつも、あくまでもコミカルに演じることは、思いのほかハードルが高く、役柄の軸と輪郭を手探りでつかみ取る日々である。

閑中有忙

ドラマの撮影をしていた4ヶ月の間、一日たりとも休むことなく働き続け、ようやく夏休みを迎えた。ワークライフバランスが叫ばれるこの頃において、一日も休みがないなんて冗談のようだが、辛うじて訪れる撮影のない日は、コマーシャルの撮影や取材が入っており、運良く何も入っていないとしても、次々と渡される台本を血眼《ちまなこ》で読む日なのである。従って、1年の半分はいただいたお仕事にありがたく勤しみ、残りの半分は普通の暮らしを楽しむことで、私なりのワークライフバランスを取っている。

昨年に引き続き、オーストリアのザルツブルクにて休暇と称する仕事よりも忙しい日常を満喫している。市街からは車で30分ほどの山中にて暮らしているため、何をするにも車での往復に時間を要するのだ。

仕事中は効率重視で動き、無駄を省いて作品のみに集中すればよい環境を作って、自宅の動線もストレスなく生活できるようにしてあるのだけれど、こちらの田舎暮らしではそう簡単には事は運ばず、不便な日常をいかに楽しむか、己の怠惰さとの闘いである。

ドイツに先駆けてＢＩＯを推奨したオーガニック先進国ゆえに、格安スーパーでもオーガニック製品を購入できることは大変にありがたいことではあるけれど、かたまり肉か挽肉しか扱っていないスーパーでは事足りず、丁寧な仕事で名高き精肉店へ車を走らせるだけで往復1時間かかり、そこから鶏のもも肉の骨を取り除いていただいたり、牛豚を薄切りにしていただいたりするだけで瞬く間に時間が失われていく。

しかし、本来はハムを切るためのスライサーにて、初めて豚肉を切っていただけた時には、飛び上がるほど嬉しかった。かたまり肉だけでは焼くか煮込むかしか方法がなく、薄切り肉を手にしてからは、炒めたり、ゆでたり、生姜焼きにしたり、野菜の肉巻きを作ったりすることができるようになり、ずいぶんと楽になった。

新鮮な野菜や魚を入手するには、土曜日に立つ旧市街の市場が相応しく、これもまた駐車場でのあれこれを含めると、往復で1時間以上は費やす必要がある。しかし、市場で目にする食材の豊富さと新鮮さは、スーパーの比ではなく、とりわけこの時期特有のあんず茸は、市場にて産地直送のきれいなものを求めるなら、軽く炒めても、アヒージョにしてもスープにしてもおいしくいただける。

その一方で、日曜日には全てのお店が閉まり、買い物ができないことには未だに慣れず、日曜日の朝になって、食材が足りないことに気付き、慌てふためくこともしばしばである。

それなら外食でもすればよいではないかと思いきや、最も近くの美味しいレストランへも、車で片道20分以上はかかるため、外食も気軽にでかけるというよりは、一大イベントになってしまう。

さて、夏休み最初の大きな課題は、バルコニーのフラワーボックスをいかにして飾るかであった。雪の多いこの地域では、越冬できる植物も限られており、庭やバルコニーの植栽も、毎年植え替える必要がある。東京の暮らしでは、わびすけや紅葉、小楢《こなら》など、さりげない和の植物を好んできたため、色とりどりの花でバルコニーを飾ることなどなく、むしろ緑さえあれば十分に幸せだったけれど、こちらの保守的な気風には私の好みは少々地味すぎるようで、郷に入っては郷に従ってみようと思えたことは、一人の人間として、許容範囲が広がったように思う。

当然ながら、こちらで園芸店を訪れてみると、好みの植物はほぼ皆無で、わずかに紅葉や笹、すすきなどもあったけれど、色鮮やかで華やかな洋花が果てしなく並ぶ様に、一瞬めまいを覚えつつ、山中の暮らしだからこそ映える植物を手に取ってみることにした。東京でお世話になっている山野草を専門にしている生花店「花長」では決して扱うことがないであろう花たちを愛でることもまた一興である。

車の後部に積み込んだのは、4鉢のふくよかな笹と3鉢のすすき、そして、サフィニア、ラヴェンダー、桔梗といった紫の花たち。オーガニックの腐葉土と併せて、全て運ぶのに3往復。

空間を活かすのではなく、空間を埋めるという考え方のヨーロッパ風のセンスが磨かれるまでは、まだしばし時間がかかりそうだ。

南チロル

夏のあいだ滞在しているザルツブルクが雨に降られ、しばし身動きが取れなくなりそうだったので、天気予報を頼りに南チロルへと逃げ込んだ。

運転免許取得2年目の安全運転で、国境をいくつも越えて載荷を運ぶトラックに煽られながらもゆっくりと向かって3時間ほどのその地域は、アルプス山脈の東部に位置しており、オーストリア、スイス、イタリアをまたいで独自の文化を形成している。

この度訪れたのは、イタリア側のヴィンチカウで、そこでは主にドイツ語を母語とする人々が暮らし、道路標識もまずドイツ語にて書かれ、イタリア語と古代ローマ語がそれに併記されている。

フランスと国境を分かつスペインにて独立運動が盛んなバスク地方のように、こちら南チロルでも、独立あるいはオーストリアへの帰属を求めて赤と白からなる独自の国旗を掲揚する人々が多く存在する。幾度も国境を争いながら、第一次世界大戦後にイタリアに併合されたこの地方にて、イタリアに属しつつも、ドイツ語を話し、オーストリア人的な生真面目ささと清潔感を兼ね備えた彼らは、イタリア人のいい加減さと、政治の腐敗、医療や経済の破綻に憤懣《ふんまん》やる方ないらしい。

その一方で、私のような一介の旅行者にとっては、建築や内装、食器や花の飾り方、農作業の仕方や農耕機具、山を切り拓いて施工された道路の土留めの仕方や、山中の足場に至るまで、イタリア人的な美意識が隅々まで行き届いたエリアにて、オーストリア人的な柔和さと清潔さ、素朴さを持ち合わせたおもてなしを受けることができるとは、おいしいとこ取りの極みである。

草原や山中にて突如として現れる子供のための遊興設備や、湖畔に据えられたベンチなどはプラスチックやコンクリートではなく、木材で美しく設えてあり、観光資源としての価値を維持するために景観への配慮が最大限になされているところに、鳥肌が立ちそうになった。それでいて、古臭さを強調した民芸風などではなく、伝統とモダニズム、そして自然の調和が見事になされているあたりに、施工業者のみならず、それを採用した自治体の人々に当たり前のように備わった美意識の高さが羨ましくてならなかった。歴史ある修道院もまた同様で、古き建物の修復に見事に融合する現代建築のセンスに感嘆させられた。

食に至っては、イタリア料理の素材を活かしたシンプルさと、オーストリア料理の繊細で丁寧な仕事の双方を味わうことが叶い、プロシュートハムや高原牧場の新鮮なバターやチーズ、蜂蜜などが食卓に並び、湖の淡水魚や、グラスフェッドの牛、豚、羊などが振る舞われる。GI値の低い全粒粉や、古代小麦、雑穀を多用したパンも容易に入手可能で、滞在した家族経営のホテルのオーストリア人シェフとイタリア人シェフが共に腕を競うレストランでは、キヌアやチアシードまで揃っていた。

山を歩いても、谷間の小さな村を訪れても、広い斜面の牧草を刈り、まとめて干しては丸太で組まれた納屋に運ぶという困難な作業に一家総出で取り組む姿は愛おしく、山野草が交じった干し草の香りには心底から癒やされた。

果てしなく広がる放牧地帯では、のんびりと草を食む牛たちにストレスがなく、本当においしい牛乳を搾ることができるという。乳製品の摂取が癌のリスクファクターであることは周知の事実でありながら、この旅においてはそんなことがどうでもよくなり、この地方独特のクミンやアニス入りの熟成させたライ麦パンに濃厚なアルムバターを塗って味わったのだった。

そして、私にとってのハイライトは、アルプスの少女ハイジのごとき干し草のベッドで、山歩き後の疲れた身体を癒やすべく、サウナでさらなる汗を流し、この地方特有の山野草の交じった干し草を麻袋に詰めたベッドの上に身を横たえ、惰眠を貪ること3時間。西日が顔に差し込むことも気にならぬほど、熟睡できたのはほかならぬ干し草の香りのお陰であろう。

以来、1週間の滞在中毎日、干し草ベッドでの午睡が習慣となり、ステルヴィオ峠をロードバイクで越える夢も早々に諦めて、車での峠越えでお茶を濁し、干し草ベッドへの道を急ぎ帰ったほど。

目下の計画は、敷布団カバーのような麻袋をこしらえ、その中に南チロルの干し草を詰め、干し草ベッドを自作することである。

踊らぬサロメ

19世紀から続く世界最大級の音楽祭「ザルツブルク音楽祭」が喝采とともに終幕を迎えた。アンドリス・ネルソンス氏の指揮によるマーラーの交響曲2番では、オルガンや舞台裏から響く小楽団を含むウィーンフィルによる大編成のハーモニーや、ソプラノのルーシー・クロウ氏にアルトのエカテリーナ・バカノワ氏といったオペラ歌手の歌声もさることながら、第5楽章の合唱部分を担うバイエルン放送合唱団のどこからともなく微かに始まる極上のピアニッシモに心地よい陶酔感を覚えた。なぜだろう、オペラを鑑賞していても、ソプラノやテノールの卓越した独唱よりも合唱に心奪われることが多いのは、私の耳がオペラを真に味わうに至っていないからなのか、純粋に和声が好きなのか、あるいは合唱団しかり、オーケストラしかり、エゴを消し去り、集団の中に埋没したひとりひとりのささやかながら真摯な仕事ぶりを感じるからなのだろうか。

世界最高峰とも言える指揮者や音楽家たちが一堂に会し、合唱団や舞台裏の楽団を含めると、百数十人にもなる大所帯にてこの曲を演奏する贅沢さは、ザルツブルク音楽祭ならではのものだろう。

聴衆も極めて成熟しており、夜の公演では老いも若きもイヴニングドレスやタキシードをさらりと着こなし、素晴らしき指揮者や演奏家、歌手たちには、帰りの混雑も顧みず、いつまでも惜しげ無く賞賛を送る。その一方で、意に染まない指揮者や、音楽家、演出家などに対しては、容赦ないブーイングを送ることもある。

オーストリアは政治的にも文化的にも大変保守的なお国柄であり、それはウィーン国立歌劇場のオペラにも当てはまる。お隣のドイツや新しもの好きのフランス、歴史がないかわりに伝統に縛られる必要もないアメリカなどに比べると、日本と同様に比較的オーソドックスな演出にてオペラが上演されることが多い。

しかし、ザルツブルク音楽祭に限っては、新たな視点でオペラを上演する演出家が世界中から集められ、批判を恐れず果敢に挑戦することが許されており、現代アートのような舞台美術を堪能したり、緻密な演出により、歌手たちの姿にゾクゾクするような生の人間味を感じる瞬間が訪れるのを目の当たりにすることが叶う。

『魔笛』の演出家リディア・シュタイアー氏は、サーカス仕立ての舞台にて、台詞部分を割愛して語り部としての役者を登場させるという新たな演出によって、オペラ歌手たちを台詞の呪縛から解放し、劇作としての完成度を高めた。

長年のオペラファンならば、演出や演技の巧拙に優先して歌声の美しさと技巧を重視するのだろうけれど、演ずることを生業とする私にとっては、オペラ歌手の大袈裟な演技によって、その美しい歌声さえも陳腐に感じられることが気がかりであった。しかし、幸いにも近年の革新的なオペラでは、客席に正対して仁王立ちで歌うだけでなく、仰向けになったり、後ろを向いたりと、心情を重視した微細かつ豊穣な演出にも耐え得る人材が求められている。

岩窟乗馬学校の跡地に設けられた劇場にて、シンプルな黄金の床と、丸い穴だけで表現された『サロメ』の演出は、今年の作品のなかでも最もスキャンダラスであったと言えよう。本来ならば義父ヘロデ王の前で「七つのヴェールの踊り」を舞うはずのサロメが、この度の演出においては、裸の身体を胎児のように屈曲させたままベルトで拘束され、必死で踊ろうとするも、拘束ベルトに阻まれて踊れず、曲の演奏中絶えずその身体を震わせ続ける姿は、全裸で踊り狂うサロメよりも官能的であった。終盤、叶わぬ恋の相手ヨカナーンの首を求めたサロメの前に差し出されたのは、馬の斬首と頭のないヨカナーンの身体であり、その身体を愛撫しつつ歌うサロメの静かな狂気に身震いがした。

難役サロメを務めたアスミク・グリゴリアン氏は、予定されていた6公演のうち3公演目で声を失い、ヨカナーンを求める悲痛な歌声は、無慈悲にも別の歌手に取って代わられた。作品に没入し、魂の底から絞り出すように歌う憑依《ひょうい》型の名演技者たる姿勢が、降板劇を伴うほどの重圧を彼女自身にもたらしたのだろう。

それでも音楽祭は何事もなかったかのように続く。美しい音楽を愛し、人間の恥部や暗部がえぐり出される度に密かに興奮し、血生臭い物語によってカタルシスを得る聴衆がいる限り。

旅の恥はかき捨て

旅の恥はかき捨てとはよく言ったもので、私の旅は恥に始まり恥に終わることばかりである。

日付をまたぐ深夜便の出発では、日付を勘違いすることが多々あり、「残念ながらお客様のご搭乗便は22時間程前に出発済みです」などと、チェックインを担当する地上係員の方々が神妙な表情を作りつつも、失笑を隠しきれないことには慣れっこになってしまった。日本とヨーロッパの往復でも、トランジットの間に寸暇を惜しんで仮眠を取ったものの、目覚ましのアラームに気付かず、フライトを逃したことが、この夏だけで二度もあった。

このような不測の事態に、焦って必死の形相で救済措置を求めても、決して解決策にはならないことは、数々の失敗から学んだ。努めて穏やかに、まるで貴族階級の人々のように余裕の笑顔でゆっくりと窮状を訴えると、相手次第で振り替えのチケットを無料で発行していただけることもある。いずれにせよ一度閉じられたゲートが、ファーイーストから訪れた愚かな旅行者のために再び開くことはまずないのだから、次の可能性を冷静に考えるのみである。

シェンゲン協定に批准するオーストリアからは、入国審査なしにシェンゲン域内を出入国することが許されている。従って、この度もドイツ、イタリア、スイスと国境をまたいでの旅に出かけたものの、失敗の連続であった。

イタリアのラゴ・ディ・コモへ出かけたところ、レンタカーの愚鈍なナビゲーションシステムが新しい高速道路を把握しておらず、一方通行の道もなぜか逆走せよと指示を出すため、道に迷うこと1時間ほど。ウインカーを出さずに蛇行運転を続けるヴェスパのオート三輪に恐れを抱きつつもやっとの思いで小さなホテルに辿り着き、ソムリエとベルボーイを兼任するにこやかな男性が地下の駐車場へ車を移動してくれたまではまだ良かった。

しかし、その後街へ出かけようとして自ら駐車場を出ようと試みたところ、イタリアの駐車場のなんと狭いこと。右隣の高級車との距離は約15センチで、運転席側にはあと5センチの距離で柱が屹立《きつりつ》しており、出口側には屈強な壁が控えていた。高級車を傷つけまいと、ハンドルをわずかばかり右に切りつつ、後進したところ、車の警告音がピー！　ピー！　ピー！　とけたたましく鳴り響き、ガリガリと、運転席側が柱のペンキを削る音がした。仕方なく覚悟を決めて、一旦前進し、それでも今度はハンドルを左に切りながら後進すると、しつこく警告音が鳴り、ガリガリと、嫌な音がしたと同時に、運転席のドアハンドルが外れた。

どうにもこうにも、柱と接触せずには駐車場から出られない。捨て鉢になって、必死でハンドル操作をしていると、今度は助手席側から嫌な音が。ほんのわずかではあるが、お隣の高級車に傷を付けてしまった。ホテルのスタッフを介して車の持ち主にお詫びを入れたところ、幸運にも車の持ち主は寛大で「確か妻が同じ場所を傷つけたはずだから、気にしないで」などとお構いなしだった。「念のため警察への報告を」と願うと、ほどなくして同じホテルのバーでビールを飲んでいたという映画スターのように洒脱な警察官とまだ20歳くらいの新米警察官がやって来た。パトロール中にもかかわらずビールを飲んでくつろいだ挙げ句、車を見るなり「ノープロブレム」と巻き舌ぎみに言い放って、何の書類も作成せずに、再びバーに戻って行った。美しきデザインの制服も、彼らのいい加減さの前では、借り物衣装に見えたが、お陰で何のお咎めもなく、レンタカーの傷も保険で無事にカバーされたのだった。

続いて訪れたスイスでも、夜10時以降にスタッフが誰もいなくなるホテルにて、部屋の鍵を持たずにコンサートに出かけてしまい、締め出しを食らった。取り急ぎ寝床を確保すべく他のホテルに駆け込もうにも周囲には何もない小さな町で、深夜にはタクシーもなければ、車の鍵も室内にあったため、レセプションの転送電話がつながらなければ危うく朝まで外で過ごすところだった。

旅の仕上げには、あのマッターホルンをひと目でも拝もうと訪れたツェルマットにて、喉の渇きに耐えきれず、ミネラルウォーターを求めてスーパーに立ち寄ったがために、30分に1本の貴重な電車を逃してしまった大馬鹿者で、もはや付ける薬もない。

ソル・ガベッタ

晩夏のスイスにて毎年開催されているルツェルン・フェスティバルを訪れた。オーストリアのザルツブルク音楽祭やドイツのバイロイト音楽祭など欧州の主要な音楽祭が閉幕を迎える頃、山に囲まれた風光明媚なルツェルンを舞台に繰り広げられるクラシックの祭典には、世界中から名だたる指揮者や演奏家が集まり、スノッブで耳の肥えた聴衆を魅了し続けている。

チューリッヒから車で1時間ほどの、湖に面した小さな街は、リヒャルト・ワーグナーやセルゲイ・ラフマニノフが暮らしたことで知られ、中世の趣ある街並みと14世紀に架けられた屋根付きのカペル橋が旅情をそそる。

さて、フェスティバルの会場となる国鉄駅に隣接したルツェルン・カルチャー・コングレスセンターは、パリにおいてその革新的な建築が人目を惹くケ・ブランリー美術館やアラブ世界研究所、日本では汐留の電通ビルを設計したジャン・ヌーヴェルによるもので、巨大な箱に極薄の銅板が載っているかのような、湖にせり出した庇が特徴的な、究極に研ぎ澄まされた建物である。

併設したカフェには、聴衆のみならず指揮者や音楽家が集い、そこでは思わぬスターに出逢うこともある。コンサート終演後に軽い食事をしていたところに背後から肘鉄砲を食らい、思わず振り返ると、そこにいたのはロンドン交響楽団のコンサートマスターとの会話が白熱してオーバーリアクションとなり、「Excuse me」と謝る指揮者のサイモン・ラトル氏であった。保守的になりがちなクラシック音楽界にあって、伝統を守りつつも絶妙な塩梅で革新をもたらしたサイモン・ラトル氏の肘鉄砲ならいつでも喜んでお受けしたい。

因みに、先方の謝罪に乗じて「ロンドンでスコットランド名物のハギスをいただけるレストランをご存知ですか？」と尋ねたところ、「ハギスを食べたいという変わり者は君くらいだよ。私ももちろんハギスを食べたいとは思わない。残念ながらロンドンでハギスを提供するレストランは知らない」と笑われてしまった。

クラシック音楽ファンの好奇心を満たすためのものであるフェスティバルは、次世代へクラシック音楽を継承する役割を果たす音楽祭でもあり、開催中に発表されるクレディ・スイス・ヤング・アーティスト賞の受賞者は、ウィーンフィルとの同フェスティバルにおける共演を約束されている。

すでにいるオーケストラのメンバーの中からソリストを立てることが多く、客演でソリストを呼ぶことが極めて少ないウィーンフィルが2018年度に迎え入れたのは、クレディ・スイス・ヤング・アーティスト賞を受賞した後、2004年にウィーンフィルとの初共演を果たしたチェリストのソル・ガベッタ氏で、演目はフランツ・ヴェルサー・メスト氏の指揮によるハイドン「チェロ協奏曲1番」であった。

正直なところ、これまでハイドンは決して好きな作曲家ではなく、ほとんど聴いたことがなかったにもかかわらず、単調で退屈な音楽だと勝手に決めつけていた。

かつて小林秀雄の随筆「モオツァルト」にて、モーツァルトの天才ぶりと比較してハイドンが凡庸であるというような記述を読んだことも、影響していたのかもしれない。

第1楽章のモデラートの冒頭では退屈を凌ぐための空想にふけっていたのだけれど、ほどなくしてソル・ガベッタ氏の繊細で丁寧、かつ清潔感のある音にハッとさせられた。

それはまるで、ドレスに施されたレースやシルク刺繍のような繊細さで、大切に扱わねば瞬く間に割れてしまううすはりのグラスのような危うさも持ち合わせていた。

第2楽章のアダージオでは柔らかな絹で包まれているような感覚をおぼえた。第3楽章のアレグロ・モルトにおいても、楽器を力任せの超絶技巧でかき鳴らすのではなく、一音一音が大切に空中に放たれ、彼女自身が音楽になっているかのようにすら見えた。

時代背景と曲目を考慮した小編成とはいえ、ともすればオーケストラのハーモニーにかき消されてしまいそうなほど繊細に奏でられる旋律が、最後列で聴いていた私の心を震わせたのは、ソル・ガベッタ氏の優美な音を引き立たせる縁の下の力持ちに徹したウィーンフィルの、エゴを消した調和の精神と、技術を誇示して客席を圧倒することよりも、美しい音をひたすら追い求め、ステージ上では実年齢よりも10歳も若く見えるほど純粋に音楽に向き合う小柄なチェリストの魂にほかならない。

迫力ある演奏で、社交のために惰性で聴きに来た聴衆の目を覚まさせることもしかりではあるけれど、微細な音を聞き逃すまいと、聴衆を思わず前のめりにさせたこの度のソル・ガベッタ氏のような人をカリスマと言うのかもしれない。

挙式無用、披露宴不要

あろうことか四十路を過ぎて結婚をすることとなった。

相手はドイツ出身の音楽家で、ウィーン国立歌劇場管弦楽団およびウィーンフィルハーモニー管弦楽団、そしてウィーンフィルとベルリンフィルの精鋭たちによる管弦楽アンサンブルPHILHARMONIXにてヴィオラを奏でている。

行かず後家と言われて久しく、この数年は出産できる限界年齢だからと、「一度くらい結婚してみたら?」とか「子供は産んでおいたほうがいいわよ」などと、訳知り顔で余計な介入をされることが少々億劫になっていたものの、あと数年我慢すればそのようなことも言われなくなるのだと聞き流すようにしていた。

旅に出る自由や、寝食の自由は独身であるからこそ謳歌できるものであるし、何を誤ったのか、演じるという奇妙な職業を選んでしまった都合上、否、この職業でなくとも、生来の性《さが》によりひとり思索に耽る時間はどうしても必要で、仕事と結婚生活の両立など、私にはとてもできないと思っていた。

それならば「専業主婦になればいいじゃないか」という向きもあろうが、女優という職業に執着している訳でも何でもなく、人様が稼いだ、あるいは相続で引き継いだお金をありがたく使わせていただくという立場におとなしく収まるような人間でないことは、己が一番よくわかっている。

ところが、世の中には同じように自由を謳歌し、お互いに自立した関係を望む男性もいるもので、ひとり気ままに迎えるであろう老後に向けて万全な準備をはじめていた私がはからずも結婚した相手は、女性が専業主婦になることを求めず、自分の身の回りのことくらいは、自分でできる生活力が身についており、結婚という制度にも過度な期待をしていない人だった。

洋の東西を問わず、男性は自らの伴侶に実母の面影を重ねると言われるけれど、息子の帰省の度に3種類ものケーキを焼き、Tシャツや食器用の布巾にまでアイロンをかけるほどの、画に描いたような良妻賢母である義母に倣うことなど端から求められておらず、世界で最も過酷な労働を余儀なくされるオーケストラに所属しているにもかかわらず、私が洗濯機に入れたまま忘れた洗濯物を干しておいてくれたり、いつの間にかゴミ出しをしてくれる上、見返りを求めない立派な人だからこそ成立している関係である。

思えば、フランスにいる友人のベルトラン・シャマユ氏も、世界中から引く手数多《あまた》のピアニストであるにもかかわらず、指を切ってしまうリスクも恐れずに料理を担当し、妻のOは夫がキッチンにて食事の支度をしている間、手助けをすることもなくソファーにふんぞり返ってニュース番組を観ており、こちらが冷や冷やしたくらいだったけれど、それを咎める者は誰一人としておらず、ベルトラン自身も才覚溢れる妻のために美味しい料理を振る舞うことを誇りとしているようだった。

これまで私が演じてきた作品の中でも、男性が洗濯物を取り込んだり、畳んだりするシーンがコミカルに描かれることが度々あった。しかし、よく考えてみると、「男性は洗濯などするものではない」という前提があってこそ笑えるもので、そうしたシーンで笑えるうちは、女性の解放とはほど遠いというジレンマを抱えている。

この度の結婚は、一時の気持ちの盛り上がりだけでロマンチックな決断をしたというよりは、現実を慎重に見つめ、アドバンテージとディスアドバンテージを真剣に考えて共に老いていく覚悟を決めたのであり、山歩きと同様に、険しき道も急勾配も共に協調し合いつつ、お互いの自由を尊重しながら歩んで行くつもりである。

仕事で何度も袖を通した経験があるためか、自分でも驚くほどにウェディングドレスや白無垢への憧れがなく、披露宴でわざわざ高砂《たかさご》に座らされて列席者から注目を浴びるなどもってのほかで、挙式も披露宴もなしとした。

夫は当初それを少々寂しく思っていたようだけれど、お互いに友人知人が世界中に散らばっているため、宿泊費をこちらが負担するとなると莫大な金額になること、日本の結婚式では、ドレスコード、披露宴の式次第に、引き出物など、欧州の常識では理解できないほど自由度のないしきたりが存在することなどを伝えると、いかに面倒なことであるか納得してくれたのだった。

友人知人には、「ノーギャラで結婚式の主役を演じることは割に合わない」と言って煙に巻いた。

もちろん、私のような女性は少数派で、経済の発展のためにも、結婚を控える方々にはためらうことなく、挙式、披露宴をしていただきたいけれど。

白洲次郎さん曰く、「夫婦円満の秘訣は一緒にいないこと」だそうで、夫は世界中を旅して回り、私は仕事の度にオーストリアから日本に戻るというスタイルも、我ながら理想の結婚生活なのではないかと思っている。

賢者のタクシー

凝り固まった脳味噌に風穴を開けるべく、不慣れなことに挑戦したり、未知な世界の扉を開くことは、どちらかというと好きな方である。

現在は、オーストリアにて日常生活を営み、仕事の度に日本へ帰国するという季節労働者の立場にて、両国の誇るべきところを存分に味わい尽くすと同時に、両国の持つ理不尽さをも甘受することで、溢れる好奇心を満たしている。

さて、そこで必要になったのが、ドイツ語の習得で、それも役柄のための数ヶ月間という訳にはいかず、私の人生がおかしな方向に進まぬ限り、生涯をかけて登攀《とうはん》すべき厳かな巓《いただき》として、目の前に立ちはだかっている。

まだ海のものとも山のものともつかぬ若かりし頃、高橋健二さんの訳で読みふけったヘッセや、トーマス・マン、何度挑戦しても私には難解だったゲーテが懐かしい。いつかはヘッセの足跡を辿る巡礼をしてみたいとまで思っていたにもかかわらず、原文で読んでみようなどという気概もなく、必要に迫られてようやく重い腰を上げたのだ。

会話に特化した語学学校ベルリッツにて、初めてのレッスンを受講した際の絶望感は忘れ難い。先生が自己紹介で「イヒ　ハイセ　ビヨン・ノイマン」とおっしゃり、続いて「ヴィー　ハイセン　ジー？」と私の名前を尋ねられるも思考停止に陥り、長い沈黙が続いたのである。沈黙に耐えかねた先生が必死で助け船を出そうとする姿がさらにプレッシャーとなって、何も言えない自らが哀れに思えて仕方がなかった。

無謀な挑戦を恐れぬ私でも、日々の暮らしの中で触れる機会のなかった言語を40代にして学ぶことの難しさに、途方に暮れそうになった。

それでも最近は、生活するのに最低限必要な食材の名前を覚え、いつ、どこで、誰と何をしたいのか、カタコトではあるが辛うじて口にすることができるようになってきた。医療用語のメスがドイツ語でナイフを表すメッサーに端を発しているのだと知り、そういえば、レントゲンやシャーカッセン、クランケといった言葉もドイツ語だったことを思い出し、いつの間にか日常生活の中でドイツ語に触れていたことに気付かされた。

オーストリアでの暮らしでは、買い物の際にレジで挨拶を交わすことが日常で、「こんにちは」から始まり、「ポイントカードを携帯していますか？」と続き、最後には「良い週末を！」などと言って別れる。

タクシーにも肝試し代わりに乗車するようになり、出自も様々な運転手たちと厚顔無恥な会話を繰り広げている。

急いで目的地に行きたい場合、時間が迫っている旨を伝えても、大概は「道が混んでいるからしかたがない」などとまともに取り合っていただけないものだけれど、「こんにちは！お元気ですか？」といった月並みな会話から始め、出身地を聞き出したら風向きは変わる。

ニューヨークにて、インド系とアフリカ系アメリカ人、中国系のタクシー運転手が多いように、ウィーンでは、トルコ系が圧倒的に多く、そこに旧ユーゴスラビアの人々や、エジプトの人々、インド系、アフリカ系が加わる。

トルコの人々は、オスマン時代の偉大なる建築家ミマール・シナンによるセリミエ・ジャーミーやスレイマニエ・ジャーミーなどの建築がいかに素晴らしいかを褒めると、途端に抜け道を使って目的地へと急いでくれる。

インドの人々の場合、かつてインド全域を旅した際に訪れた街について話し、インドの人々の賢さに圧倒された旨を述べると、同じように機嫌を良くして急にスピードアップし始める。

旧ユーゴスラビア人の運転手に当たった場合、出身国によりカトリック、セルビア正教、イスラム教と、宗教が異なることに配慮する必要がある。

ナイジェリアの人々は、お喋り好きで、持論を声高に述べることが大好きなので、相づちさえ打っていれば終始ご機嫌なことがありがたい。

時折、驚くほど聡明な運転手に出逢い、会話が盛り上がることがある。「幸も不幸も全て心の持ちようで、疾病も災害も貧困も不幸の理由にはならない。幸せは自ら見出すものなんだ」と説く文化人類学と哲学の博士号を併せ持つナイジェリアからの運転手によると、彼の国には中東から渡って来たヘブライ人の末裔が多くいるそうで、見た目はアフリカ系ながらヘブライ人つまりはユダヤ人としてユダヤ教を信仰している人々がたくさんいるとのこと、どうりで頭の回転が速い訳だ。

移り気な自らを騙したり、甘やかしたりしつつ、コメディー映画鑑賞にて息抜きをしながら、ドイツ語習得への道はこれより果てしなく続く。

引っ越し

過日の結婚を機に、ウィーンでの引っ越しをすることとなった。

それまで滞在していた場所は、夫が2004年に国立歌劇場管弦楽団に入団した折に、その直前まで暮らしていたミュンヘンから住所と間取り図を確認しただけで、内見すらせずに決めた部屋で、男性の一人暮らしには十分広い部屋であった。

1956年竣工のその建物は、国立歌劇場と共に戦火で失われた建物の代わりに建造されたもので、19世紀に建てられた近隣の建物と比較して、著しく無機質で無愛想だった。「ウィーンで最も美しくない建物」などと、全く嬉しくない称号を付与してくれる友人知人が何人もいるほどではあるが、よくよく見るとバウハウス的機能美を携えているとも言える。

実のところ、歴史的背景もあり、国の重要文化財に指定されているのであった。

初めて彼の部屋を訪れた際に驚いたのは、その部屋が国立歌劇場のはす向かいに位置していたことで、夜のイルミネーションがきらめくリング通りに面したテラスからは、まるで映画『ミッション：インポッシブル』の一場面のようにオペラの殿堂が威風堂々と鎮座します姿を眺めることができた。ウィーンの街並みにはいささか不似合いなこの建物も内側から外に目を向ければ、北西に国立歌劇場を臨み、南東にはカールス教会のドーム型の屋根が見える。

国立歌劇場で毎晩のように上演されるオペラやバレエは、ひとつの演目を数ヶ月にわたって上演するというスタイルではなく、今夜はワーグナーの『パルジファル』、明日はビゼーの『カルメン』、明後日はニジンスキーのバレエ『牧神の午後』といった具合に、毎晩異なる演目が上演される。更には同時進行で、この先上演されるであろうオペラやバレエの舞台稽古、そして本番さながらに上演されるゲネラルプローベが開催されることから、大道具のスタッフは美術セットを建て込んでは解体し、再び別のセットをしつらえるというてんやわんやの大騒ぎである。

準備をするスタッフも大変なら、オーケストラピットにいる音楽家たちも、午前中はオペラやバレエのリハーサルにて演奏をし、午後はウィーンフィルの定期演奏会にて演奏をし、夜はオペラやバレエの公演に携わるという驚異のスケジュールをこなさなければならないのだ。時には傷病者のピンチヒッターとしてピットに入り、初見で5時間のオペラを演奏することもあるというから恐ろしい。

したがって、彼ら音楽家が手にする楽譜の数は膨大な量となり、部屋の多くを楽譜が占拠することになるのは仕方がない。近頃ではiPadやクラウドシステムのお陰でずいぶんとデジタル化することができるようになったけれど、それでも貴重な楽譜を無残にも廃棄するのはいたたまれない。

この度の引っ越しも、そこかしこに収納された楽譜の山と、夫の趣味のロードバイクやマウンテンバイクさえなければ、国立歌劇場まで徒歩1分、楽友協会まで徒歩5分の最高の眺望を誇るアパートから離れたくはなかった。いや、楽譜や自転車のせいにせずとも、私が究極のミニマリストに転じて、一張羅でオペラもコンサートも食事も済ますことさえできれば、引っ越す必要などないはずなのだけれど、二人ともまだまだ修行が足りず、それぞれの持ち物に愛着を抱いたまま、ヨーロッパの歴史からするとまだ新しく、地震大国日本からすると古ぼけたアパートから、名残惜しくも退くこととなったのである。

実は、このアパートの竣工当時の入居者は、指揮者のヘルベルト・フォン・カラヤンであったという。1956年から1964年まで国立歌劇場の芸術監督を務めたカラヤンが、オフィスとして用いていたのが、夫が長年暮らした部屋で、国立歌劇場の芸術監督のオフィスと、このアパートの作り付けのクローゼットは同じ木材で同じ1950年代の意匠となっている。

伸縮可能な鉄格子がテラスに面した窓の内側に設置されているのは、楽譜を守るためだったのか、録音した貴重な音源を保管していたからなのか、あるいはほかに何か人知れぬ秘め事があったのか、想像は尽きないけれど、窓外を眺める度に、カラヤンもこの同じ景色を眺めたのかと思うと感慨もひとしおであった。

慢性蕁麻疹

このところ慢性の蕁麻疹《じんましん》に煩わされている。かねてより過労やストレスで蕁麻疹や帯状疱疹が出現する体質ではあり、いつぞやは気管支炎が慢性化して半年以上も夜中の咳に苦しんだこともあった。しかし、折々に素晴らしい治療法に出逢い、時に漢方、時に鍼灸、瀉血《しゃけつ》、あるいは断食と、自らの身体を実験台にあらゆる方法を試み、この10年ほどは分子整合栄養医学によって、大抵の不調は治してきた。

とりわけ、160項目以上にわたる血液検査の結果から栄養の過不足を解析する分子整合栄養医学によって、高濃度の栄養を摂取し、糖質制限をするようになってからは、花粉症ですら自覚症状がなくなるほど快調であった。もちろん、長期間の撮影による睡眠不足や、舞台出演時の消耗によって著しく体調を崩すことはあっても、十分な栄養を摂ってマッサージや鍼灸を施し、酸素カプセルの中で眠れば何とか凌ぐことができていた。

ところが、この度の蕁麻疹は大変やっかいで、どうしてなかなか完治する気配がなかったものだから、正直なところ頭を抱えていた。

はじまりは、とある歯科治療院でのクリーニングだった。超音波スケールと手技によって、1時間以上におよぶ丁寧なクリーニングを受けた直後から口腔内に鈍い膨張感を覚え、自宅にたどり着くまでにいつの間にかおたふく風邪のように右頰が腫れあがっていた。歯科の衛生器具か何かに粘膜が過剰反応したのだろうと、そのまま放置すること数時間、いつしかその症状は消失しており、病院や薬局のお世話になることもなかった。

しかし、その一件をきっかけにことあるごとに唇が腫れ、大好物の魚介類を食べた時など、ドラマの撮影中にもかかわらず、まるでハリウッド女優を真似て整形したものの注入物を入れすぎて失敗したような顔になり、あわてて抗ヒスタミン剤を服用するということが何度もあった。それればかりか、下着のラインにも接触性の蕁麻疹が出現するようになり、はじめはゴムのあたる部分だけだったはずが、次第に身体全体に広がり、頭皮や足の裏まで痒くて仕方なく、夜中に無意識のうちに掻きむしるほどとなった。

したがって、UNIQLOのヒートテックが着られない身体となってしまい、インターネットで必死に探してシルクの肌着を買い求め、ずっと憧れだったHANROでは、カシミアとシルクの混紡のインナーを上下で5セットほど購入して散財する羽目となった。免疫系の過剰な反応は次第に間隔を狭め、ついにほぼ毎日そうした症状が出るようになり、いよいようにかせねばと分子整合栄養医学の先生に相談したところ、どうやら歯科でのクリーニングがトリガーとなって、歯周病菌が血管に侵入し、免疫を司る腸管に傷をつけたことでアレルギーが発症した可能性があるらしい。「今は、腸に傷がついているから、フードアレルギー検査も多種で反応が出るだろうけれど、腸の傷が修復されれば、牡蠣もまた食べられるようになるはず」とのことだった。

歯周病菌が心疾患や糖尿病をはじめとする様々な疾患の要因となっていることは、ずいぶんと周知されてきたようだけれど、定期的なクリーニングによって、万全を期しているため、まさか自分自身が歯周病菌の氾濫によってダメージを被るなどとは想像だにしなかった。今や40代の80％は歯周病菌を持っていると言われるものの、歯周ポケットの検査でも合格点、出血もほぼなく、差し歯やインプラントの入っていない全て天然の歯を誇っていたはずの私が、よりによって歯周病菌の罠に陥るとは。

傷ついた腸管の修復と、殺菌のために先生から処方されたのは、ライスプロテインに炎症を抑える亜鉛とビオチン、銅、クルクミンなどを合わせたものと、マグネシウム、そしてグルタミンにオリーブ葉。これらをいつものビタミンA、B、C、D、Eに加えて積極的に摂り始め、アレルギーに効果のあるとされるラクトバチルス・プランタルムや、ビフィズス菌ロンガム種などを含む10種類の乳酸菌に加えて酪酸菌、更には抗ヒスタミン効果があると言われる梅肉エキスを朝晩服用している。

まだ完治はせぬものの、抗ヒスタミン剤の服用間隔が毎日だったものが次第に2日に一回、3日に一回となり、寛解への道はそう遠くないと希望を持って治療に励む日々である。

寛解

半年にわたり煩わされていた慢性の蕁麻疹との闘いが終わった。

頬の異常な腫れから始まった蕁麻疹は、魚介類や一部のナッツなど、いくつかの食品に反応して度々表れ、化学繊維着用時の接触性の膨疹も重症化して、毎日抗ヒスタミン剤を服用しなければ全身を掻きむしるほどであったけれど、ありとあらゆる手段を施した結果、何が奏功したのかすっかりおとなしくなってくれた。

まずは腸内細菌叢の異常を調べるべく、検査をしてみた。排泄物をオーストリアから隣国ドイツのラボに送ること約３週間、送られてきた診断結果によると、懸念されていたカンジタは全く検出されず、見事なまでに善玉菌が多いとのこと、ビフィズス菌とバクテロイデス菌がとりわけ優性であった。恐らく、蕁麻疹の発症以来ずっと摂り続けているOMNIBIOTIC10という、10種類の有効な乳酸菌を混合したサプリメントや酪酸菌のおかげで、検査を勧めてくださったドクターも驚くほどバランスがよかった。その一方で、αアンチトリプシン、IgAともに炎症反応を示しており、腸管にわずかに傷がつき、リーキーガットの手前であるとのこと、体内でアレルギー反応が起きていることは顕著であった。

次に、日本への一時帰国時に、分子整合栄養医学の専門医のもとで、血液検査及び尿検査を行った。すでに10年以上ほど分子整合栄養医学に基づいた栄養療法を実践しており、糖質制限を筆頭に、ビタミンA、B、C、D、Eおよび鉄分、ナイアシン、オメガ3、プロテイン、必須アミノ酸、グルタミン、BCAAなどを積極的に摂取し、大概のトラブルはサプリメントで治してきた。よりによって、健康に細心の注意をはらっている私がなぜ蕁麻疹などに悩まされるのか全くもって理解不能だった。

検査結果が出るまでの一ヶ月ほどは、腸管の修復のためにウルトラインフラメックスというライスプロテインに、ビオチン、亜鉛、銅、クルクミノイド、グルタミンなどが加えられたものが新たに処方され、蕁麻疹がなかなか治らないということは、副腎疲労が考えられるため、マグネシウムもそれに追加された。

歯周病菌の影響が疑われたものの、歯科医院で調べたところ口腔内フローラも極めて良好だった。

急性期にはいつも頼りにしている漢方が珍しく効かなかったので、自然療法の知恵を拝借して抗ヒスタミン効果があるという徳重紅梅園の梅肉エキスに昔ながらの酸味の強い梅干し、抗炎症作用のあるオメガ3オイルも頻回摂取した。アレルギーの原因となる牛乳やグルテンも極力避けた。外食もやめて、鶏の手羽先や、牛骨でボーンブロスを作り、毎日の食事に添えた。藁をもつかむ気持ちで、これらを真面目に続けること約一ヶ月、それまで毎日服用していた抗ヒスタミン剤を2日に一回、3日に一回と徐々に減薬してみたところ、時折ぶり返すものの、症状は明らかに軽くなっていった。

さて、待ちに待った一月後の検査結果によると、即時型アレルギーの項目に大好きな海老が入っており、白エビやボタン海老を生で食べることができなくなったことが何よりも哀しかった。遅延性アレルギーの項目には、牛乳、ライ麦、卵白とあった。この半年間猛威を振るった蕁麻疹の原因はやはり牛乳だったのだ。思えば、オーストリアのザルツブルクの暮らしでは、田舎のため買い物の度に時間がかかる上、手に入る食材が少なく、夏の昼食時には毎日のように桃の冷製スープを食していた。熟した桃にクリームチーズと牛乳を加えてミキサーで攪拌したそれは、木漏れ日の差し込む屋外のテーブルで味わうと、たまらなくおいしく、飽きもせず毎日作っていたのだった。また、スイートポテトやパプリカなどを牛乳で溶いたポタージュスープを作ることも多かったし、カフェ発祥の地ウィーンでは、カフェラテや抹茶ラテをいただくことも多かった。

乳糖不耐症については、欧州でもよく知られており、乳糖を除外した牛乳やチーズがスーパーで普通に販売されているほどだったけれど、私の場合はカゼインアレルギーに相当するとのことで無乳糖の牛乳で代用できるものではないらしい。

昔ながらの牧畜ではブラウンスイス種など、A2タイプのカゼインを含む乳牛ばかりだったけれど、より効率よく搾乳できるために広まったホルスタイン種は、A1タイプのカゼインを含有しており、どうやら私の腸はこれに反応してリーキーガット症候群を発症していたのだった。

牛乳は乳がんの原因になるとも言われており、それがアレルギーの原因にもなるのならば、極力控えようではないか。

「チーズなら発酵の過程でたんぱく質が分解されるから、少しくらい食べても大丈夫」とのこと、「アレルゲンとなる食材をどうしても食べたい時には、消化酵素を服用すると、症状が出ない可能性もある」とのありがたい裏技もご紹介いただいた。

貴重なタンパク源であった卵が卵白アレルギーにより食べられなくなったのは大きな痛手だった。「毎日食べなければ大丈夫」とのご指導をいただいたものの、蕁麻疹が怖くてしばらくの間は、避けるようになり、とりわけ卵を生食することは控えるようにしている。

体内の炎症を抑えるウルトラインフラメックスと、粘膜の修復を助けるビオチン、腸内細菌のバランスを整えるOMNIBIOTC10に酪酸菌、ビタミンCにビタミンA、マグネシウムなど、ありとあらゆるサプリメントの摂取に加えて、A1カゼインを含むと言われる牛乳由来の乳製品に卵の除去、ボーンブロスと野菜のスープを毎日食すこと数ヶ月、気が狂いそうになるほどの痒みから解放され、ついに寛解を迎えたのだった。

機会不均等

このところ、NETFLIXのオリジナルドラマ『Followers』の撮影をしている。

写真家であり、映画監督でもある蜷川実花さんが初めて手がけるドラマシリーズにて、主人公の写真家「奈良リミ」を演じているのだ。老いも若きも、富める者も貧しき者も行き交う現在の東京を、美しい映像によって断片的に切り取るこの物語は、多様になった女性の生き方に焦点を当て、未婚、既婚、子供の有無、雇用者、被雇用者など、それぞれに立場は異なれど、自らの道を切り拓いて生きようと闘う全ての女性を賛美する作品となっている。

先人達が必死で闘い、勝ち取ってきたはずの女性の権利は、建前上は男性のそれと同等になっているものの、実際私達日本の女性が感じる窮屈さは、149カ国中110位というジェンダーギャップ指数の世界ランキングの結果にも表れている。

これについては、私自身も常に答えが出せずに10代の頃から自問しているテーマで、「男女の身体的な差異、ホルモン分泌の差異は決定的なものであるにもかかわらず、本当に男女が平等であるべきなのだろうか？」あるいは、「ビルやエレベーターのドアの開閉時に女性を先に通すことができない日本人男性を無粋だと言うべきなのか、国内外を問わずレディーズファーストを喜んで享受する女性は男女同権の見地からはむしろ厚かましいのか？」などと考えては、ああでもないこうでもないと堂々巡りを繰り返している。

実のところ、航空機での移動時に手荷物を持ち上げて座席の上の棚に収納しようとする際や、空港での到着時にスーツケースを手荷物受取所にて引き上げようとする際に、アジア諸国や欧米諸国では見知らぬ男性が手伝ってくださることが多々あり、最近ではシャイな日本人男性でも時折手助けしてくださる方が現れるようになり、その度についつい甘えてしまうのだけれど、「そんな私は女性であることを利用している狡猾な人間なのだろうか？」と己に問いつつも、せっかくのお申し出を拒絶して先方のプライドを傷つけるより、ありがたく手伝っていただき最高の笑顔でお礼を述べることにしている。

撮影現場においても、かつては男性の職業とされていたカメラや照明、録音のスタッフにもずいぶんと女性が増えてきて、重い機材の運搬や高所からの撮影などに果敢に取り組む女性達の雄姿に私達演じる側も奮い立たされている。まだまだ割合としては少ないものの、全体の指揮を執る監督が女性であることも決して珍しいことではなくなってきた。限られた時間にて集中力とモチベーションを保ち、結果を出すことが求められる映画やドラマの撮影現場では、「女のくせに」とか「女だから」などと揶揄されることを許さぬために、男性よりもむしろ女性の方が揺るがぬ信念と矜持を持って仕事をしていることが多いようにも思える。周囲の空気を敏感に感じ取り、相手のニーズを読み取る順応性の高い女性達が支える現場は、むさ苦しい男性ばかりだった封建的な時代を思うと隔世の感がある。

かくして日本の女性達は自分の意志で職業も、暮らす場所も、結婚や出産をするか否かも選択することができるようになってきた。しかし、果たしてそれで自由を手にしたのかと言われれば、男性と同じように働くことを推奨される上、これまで女性が担ってきた家事や育児、介護の負担は変わらず目の前に立ちはだかっている。

その一方で、かつては女性の仕事とされていたキャビンアテンダントや看護師にも男性が増えつつある。手荷物などを持ち上げるのに、男性のキャビンアテンダントはありがたいけれど、飲料や食事は、女性にケアしていただきたいなどと思ってしまったり、男性の下の世話を女性の看護師がしてきたように、女性の下の世話を男性看護師がすることも本来ならば当然受け入れるべきなのだろうけれど、自分自身がその立場におかれたら、やはり女性にお願いしたいと思ってしまうだろう。

女性の幸せはかくあるべきなどと、押しつけられることを最も嫌っていたはずなのに、男女の機会不均等に加担しているのは他でもない己であることに気付いて愕然とするばかりである。

横浜フランス映画祭

パリの映画館では、週末はもちろんのこと、ウィークデイにおいても行列ができ、老若男女、持てる者も持たざる者も等しく暗がりの中で語られる物語に身を委ねる。

横浜フランス映画祭のフェスティバルミューズなる役目を仰せつかり、フランス大使館におけるラインナップ発表会に出席して来た。

思えば15歳の頃、VHSビデオで観たゴダールの『勝手にしやがれ』や『気狂いピエロ』、そしてトリュフォーの『大人は判ってくれない』などのヌーベルヴァーグを代表する作品を入り口にフランス映画の魅力に取り憑かれたのだった。退屈な日常に飛び込んできたフランス映画の数々は、まだ10代の少女には新鮮で危険な香りのするもので、背徳感を大いにそそられた。

思春期特有の苛立ちを紛らわし、探究心を満たすのに、美しいシネマトグラフィーや個性的なファッション、男と女の官能的な物語はうってつけで、雑誌『オリーブ』のフランス映画特集やアニエス・ベーにA・P・Cといったフレンチカジュアルの流行にも後押しされて、当時まだ勢いのあった単館系映画館へ通うようになった。

自らの身体に合わないことを知らずに摂取していた糖質のおかげで定期的に偏頭痛があり、快晴の日はご機嫌だけれど曇りや雨では憂鬱だった当時の私には、アンニュイでおしゃれなフランス映画が救いだったのだ。

物語を解体したような実験的な作品や、何度観ても理解できぬ難解な作品や冗長な作品を眠い目をこすりながら無理して観ることがステイタスでもあった。

ジャン＝ジャック・ベネックス監督の『ディーバ』では美しい映像とスリリングな物語に魅せられ、主人公が恋い焦がれるオペラ歌手の歌う「ラ・ワリー」のアリアを含むサウンド・トラックに夢中になった。同じくベネックス監督の『ベティー・ブルー』ではジャン＝ユーグ・アングラード演じる優男がベアトリス・ダル演じる規格外に情熱的で常軌を逸した恋人に狂おしい程の愛を注ぎ、破滅への道を進む姿に「愛とは何か」という難題をつきつけられ、強烈に心をかき乱され、途方に暮れた。

ユーロスペースがまだ渋谷区桜丘町にあった頃、初めて観たレオス・カラックス監督の『汚れた血』で主人公アレックスがデヴィッド・ボウイの「モダン・ラヴ」をバックに夜の街を疾走するシーンには衝撃を受け、全身の血が騒いだことを覚えている。訳もなく走りたくなる若者の耐え難き衝動を見事に映し出した名場面で、これもまた訳もなく涙が溢れたのだった。今はなきシネマライズで上映されていたカラックス監督の『ポンヌフの恋人』では社会から見捨てられた路上生活者のはかなくも美しく切ない愛の物語に耽溺した。主人公のドニ・ラヴァンやジュリエット・ビノシュに大仰な芝居を求めず、何を話しているか聞き取れないくらいボソボソとつぶやく自然な様を大切にすくい取るカラックスの手法は、後に多くの監督や演技者に影響を与えたのではなかろうか。

アラン・レネ監督のモノクロ映画『去年マリエンバートで』に至っては、物語が難解だったにもかかわらず、決して退屈することはなく、細部にまで行き届いた究極の美意識に身震いさせられた。

また、Bunkamuraのル・シネマができたことは画期的だった。それまでの映画館では、満席の折には劇場の最後列で立ったまま、あるいは階段に座ってまで観ることが許されていたけれど、立ち見席を容赦なく廃止して完全入れ替え制を導入した初めての映画館だったように思う。彫刻家ロダンに才能を搾取され、次第に狂気を帯びていく愛人カミーユの悲痛な人生をイザベル・アジャーニが演じた『カミーユ・クローデル』や、一枚の絵画が描かれるまでの画家とモデルの真剣勝負を描いたジャック・リヴェット監督の『美しき諍い女』など、ル・シネマを訪れれば名作に出逢えることが担保されていた。

他にも六本木のシネヴィヴァンに銀座のシネパトスなど、残念ながら廃業してしまった映画館の数々が、気まぐれで好奇心旺盛な私の青春を豊かにしてくれたことは忘れ難い。

この度の横浜フランス映画祭のオープニング作品『シンクオアスイム』は、うだつの上がらないおじさんたちが人生の再起をかけてシンクロナイズドスイミングの世界大会に挑戦するというヒューマンコメディーで、娘にも蔑まれるような売れないロックミュージシャンを崩れた体形で演じているのが私の青春のスター、ジャン＝ユーグ・アングラードだったことに鑑賞途中で気付いて愕然としつつも、若かりし頃の面影も虚しく自我を消し去った絶妙な演技に笑わされ、泣かされたのだった。

男と女

フランス映画祭横浜2019の開催中に早稲田大学にて行われたクロード・ルルーシュ監督のマスタークラスを聴講する好機を得た。

フランス映画好きでなくとも、映画を観る習慣のある御仁なら誰でもタイトルくらいは知っているであろうモノクロとカラーの混在した美しいシネマトグラフとピエール・バルーによる「ダバダバダ……」という音楽が印象的なラブストーリー『男と女』をはじめ、『愛と哀しみのボレロ』『白い恋人たち』など、人々の記憶に鮮明に残る映像をこの世に残していらした御大の言葉を聴くことができるとは何という幸運だろう。

稀代の監督は、元来ルポルタージュのカメラマンであったという。1957年にテレビ局にて行われたロベルト・ロッセリーニ監督のマスタークラスのための映像が必要で、若きルポルタージュカメラマンだったルルーシュ監督に白羽の矢が立ち、映画という新たな世界の扉を開くことになったらしい。

その後映画の世界に魅せられた彼は、1960年に23歳で初監督作品『鶴が飛ぶとき』を撮影するも、興行的にも、批評家による評価の上でも惨敗という憂き目を見る。「言わばアマチュア映画でしたが、そのアマチュア映画での失敗は大変有益なものでした。なぜなら映画を作る上でしてはいけない全てのことを学ぶ良き教訓となったからです」と、何とも前向きなお考えであるけれど、その後の監督の躍進を見れば、この言葉が真実であることは明白である。

物語と共に忘れ難きものとして観客の記憶に刻まれる音楽については「脚本は人々の知性に訴えかけるものだけれど、音楽は非合理的な無意識の部分に働きかけるもので、主演俳優と同じくらい大切な要素なので、撮影をする前に音楽の制作を始めます」とのことだった。

因みに『男と女』でモノクロとカラーの使い分けが印象的だったけれど「あれは単に経済的な理由で、カラーフィルムを購入する予算がなかったから、室内をモノクロで撮影し、屋外をカラーとしたけれど、幸運にも批評家などの知識人たちは、そこに芸術的な意味を見出してくれた」という言葉通り、カンヌ国際映画祭ではグランプリを獲得することとなった。

新作『男と女Ⅲ』では、つかの間の濃密な愛の日々の果てに、惜別の情も虚しく離ればなれになったかつての恋人達が再会するも、片やジャン＝ルイ・トランティニャン演じる男は痴呆症に、片やアヌーク・エーメ演じる女は映画プロデューサーを廃業して田舎で小さなお店を営む市井の人になっており、過ぎ去りし日の美しき想い出をたどる二人の逢瀬は、夢とうつつの狭間をゆらゆらと不安定に往復する。

互いに見つめ合い、生涯忘れることのできなかった愛の日々について語り合うだけのシンプルなカットバックが、俳優が演じていることを忘れさせるほどリアルで、それでいて眩しいほどに輝いていて、この上なく映画的で、思わず涙をそそられる。人生が魅せてくれるショーと共に、真実の香りが好きだとおっしゃり、「脚本の台詞などに重きをおかず、人生の経験が多く、傷のある人、そしてそれを映し出すことを許してくれる人」を理想の俳優像として掲げるクロード・ルルーシュ監督の、「嘘と真実の中間で初めて真実の物語になる」という映画論が見事に反映された名作だった。

80年以上生きてきて確かなことは、人生は思い通りにはならないもので、人はヒーローにも悪人にもなり得る。むしろ人間の欠陥こそがフォトジェニックである。この世界を観察し、その結果を皆様にお見せするのが仕事だとのことで、過去でも未来でもなく、現在を愛することを表現しており、今この時代の証人でありたいともおっしゃる。

顔には深いしわが刻まれ、声の張りは失われた男女が演じるからこそ、在りし日がいかに満ち足りていたかを物語り、時を経て今そこにいる二人の現実が悲観的ではなく生き生きと描かれる様は最高の人生賛歌と言えよう。

クロード・ルルーシュ監督を偉大な監督たらしめた人生哲学は以下に語られる。

「人生では何が起こるかわかりません。ですから実人生が私を扱うように映画を作るのです。人生が最大の映画監督であり、その素晴らしい監督の助監督であることを誇りに思います」

コケシダ礼賛

毎年恒例となったザルツブルクでの夏の暮らしが始まった。

山中の岩塩採掘で財をなしたこの街は、モーツァルトの生誕地として知られ、ホーエンザルツブルク城下の旧市街は、年間を通じて多くの観光客で賑わっている。

近隣を山に囲まれ、透明度の高い湖を数々擁する田舎での暮らしと、世界最高峰とも言われる音楽の祭典「ザルツブルク音楽祭」を共に味わうことができるとは、なんとありがたいことだろう。

都会暮らしで纏った垢を洗い流すかのように、自然と戯れ、暮らしにまつわる煩雑さに四苦八苦しながらも今ここに在ることを楽しむのだ。

夫が私と出会う数年前に見つけて改装したという小さな山荘は、美意識の高い彼のデザインと、ポルシェファミリーの木柵などを手がけるおおらかで気さくな大工さんの匠の技によって、この地方ならではの意匠を活かした素朴さと、モダンなインテリアを融合させた心地よい空間に生まれ変わっていた。私たち日本人なら家の普請はプロに任せるのが常識となっているけれど、自らの頭と身体を用いて創作したり、修繕することを得意とする夫は、家のリノベーションにおいてもその能力を遺憾なく発揮し、古材を専門に取り扱う材木屋さんで自ら吟味した木材をチェーンソーで切っては手ずから運び、指を酷使する音楽家であるにもかかわらず怪我を顧みずに釘を打ち、庭の土を入れ替え、植栽までも整えたという。

お陰で保たれる静かな庭には2匹のリスが生息し、野鳥が飛来する上、時折バンビが訪れ、夏の日没後には蛍が飛び交う。山の稜線は翌日の天気によって表情を変え、夜空を見上げれば満天の星と、若かりし頃より望んでいた暮らしが現実となった。

夫と私は美しいものを愛する点では意見が一致しているのだが、その美しいものの基準は、足し算の美学を基本とするヨーロッパで育った彼と引き算の美学を礎とする日本で育った私とでは少々異なる。当初は彼の美意識を受け入れることに戸惑い、彼もまた私の美意識には疑問を呈することも多かったけれど、少しずつ互いに歩み寄り、今では調和をあえて破壊する彼の美学を心地よいと感じるようになり、彼も私の好みを意識して、引き算を心がけるようにしてくれている。

一方で、手入れの行き届きすぎたガーデニングのお手本のような庭、トピアリーのような人工的な刈り込みの入った植栽が苦手な点は共通しており、ニューヨークのハイラインやドリス・ヴァン・ノッテンの庭を手がけた庭師ピエト・オウドルフや、パリのケ・ブランリー美術館の庭やアンドレ・シトロエン公園を手がけたジル・クレマンのような、手を入れすぎず、野性的で、冬枯れの姿すら美しいメドウ・ガーデンを目指して数年計画で少しずつ、植栽を入れ替えている。そもそも夏の2ヶ月を除いては、1年のうち数回しか訪れることのないこの庭は、ほんのわずか目を離した隙に雑草に覆われてしまうため、ご近所の皆さんのように寸暇を惜しんで草をむしり、枯れた先から花や葉を摘んで丹精することなどできず、いかに野趣溢れる様を楽しめるかにかかっている。

目下の楽しみは、苔とシダで、雨上がりの裏山を歩いては、苔やシダを眺めるだけで、まるで初恋のような胸がキュンとする感覚を味わえる。大木の根元にふっくらと張り付く緑のカーペットに木漏れ日がわずかに差し込むなら、雨の雫がきらりと光り、筆舌に尽くしがたい美しさを醸し出す。草いきれと雨の残り香の中を分け入って歩く山にて瑞々しく立ち上がった苔を少々いただいて帰っては、日陰の坪庭に移植する作業をこれもまた長期戦を覚悟で行っている。

植物を愛するあまり、世界中の植物の種を収集し、遊休地を買い取って自家用の植物園をこしらえてしまったという夫の同僚のホルン奏者ですら、私の小さな坪庭の愛しい苔には全く興味を示さず、「ザルツブルクの気候は苔には適さないと思うよ」と、にべもなく言い放ったほどなのに、冬の記録的な大雪に埋もれてもなお生き延び、雑草に覆われても屈することなく着実に繁茂しつつある苔に朝晩水を遣るという些細なことが、これほどまでに喜びを与えてくれるとは、何と安上がりで平和な趣味だろうと我ながら思う田舎暮らしの日々である。

リサイクル

ザルツブルクで過ごした夏の日々が終わろうとしている。

演ずるという仕事は、日常を犠牲にしてただひたすらに朝から晩まで、時には朝から朝まで撮影に勤しみ、休みの日は台詞を覚えることに費やしたり、作品の宣伝のために取材を受けたりするもので、他人の人生を生きることに明け暮れているうちに、最も大切な自らの人生を置き去りにしがちな職業である。とは言え、仕事への携わり方は千差万別であろうから、実人生を大切にしながらも、お茶の子さいさいで演じてみせる天才もいることだろうし、私のように終始時間に追われているような感覚の人間もいる。

さて、こちらオーストリアの人々は、仕事をするために更なる仕事をしてしまいがちな私たち日本人と異なり、まずは各々の人生を謳歌することが大前提としてあり、そのかけがえのない人生を楽しむために仕事があるという考え方のため、「お客様は神様です」などというへりくだった考えはなく、日曜日にはスーパーマーケットを含む多くのお店が閉店となり、夏の書き入れ時だというのに2〜3週間も泰然とした様子でレストランを閉める観光地のオーナーも少なくない。24時間オープンのコンビニエンスストアもなければ、日曜日に営業する郵便局などは考えも及ばない。一部のクリエイティブな職業に就くフリーランスの人々は別として、よほどの事情がない限り日頃から残業をしない上に、有給休暇も育児休暇も男女問わず堂々と取り、家族と過ごす時間を何よりも大切にしているにもかかわらず、労働生産性は非常に高いという、何とも羨ましい暮らしぶりである。

それでいて、完全な個人主義かと思いきや、見知らぬ人から「こんにちは」と声をかけられることも多く、困っている人を助けることが当然のように身についているようで、スーパーマーケットのレジにてほんのわずかな品物の購入のために並んでいると、大量購入のために並んでいた先客が順番を譲ってくれたりする。特筆すべきは、誤って落としたお財布が戻ってくることで、この3年間で片手では足りぬほど、お財布を路上で落としたり、クレジットカードを受け取り忘れたりしたものの、それらを持って追いかけてきてくれた方が何人もあった。

オーガニック先進国だけあって、環境問題への取り組みも著しく、暮らしている地域のゴミ集積所には、毎週火曜日と金曜日、リサイクルゴミの持ち込みのために入れ替わり立ち替わり人々が訪れては、細分化された集積箱にリサイクル用品を仕分けして入れていく。その数何と10種目以上に及び、同じ紙製品でも、段ボール箱、古紙、古本、牛乳パック、卵パックと五種類に分別され、庭で鶏を飼っているご婦人などは、自宅の庭で産まれた鶏卵のために卵パックを持ち帰ったりしている。そのほかにも洗剤容器、ヨーグルトパック、生鮮食品用のプラスチックパック、缶などと分かれ、空き瓶は色つきのものと透明のもので更に分別をすることになっている。また、着なくなった洋服を恵まれない人々に送ることのできるリサイクルボックスも設置してあり、限られた資源を有効に用いるべく、各々が高い意識を持って取り組んでいる。

週に2回、部屋が片付く心地よさを味わえるとともに、集積所を管理する村の職員のMさんに会うことが楽しみで、私は車を走らせる。晴天の日はもとより、どんよりとした曇り空でも、しとしとと降り止まぬ雨の日でも彼は常にご機嫌で、リサイクルの仕事を誇りとしていることが感じられるのだ。お山の大将のようにふてぶてしい態度で私たちの行動を見張ったり、物憂げにただ一日が過ぎることを待っていることもできるはずなのに、住人が運んできた品々を素早く見極めては、どこに入れるべきか指示を出したり、惜しみなく手助けしてくれたりして、そこに集う人々の名前まで覚えている。この人がいてくれる限り、そして、ここに集う人たちが住人である限り、この地域は安全だと思わせてくれるだけの厚い志が人々に備わっていることがありがたい。

公共の利益のために貢献することは惜しまず、それでいて個人の自由を何よりも大切にする彼らの生き方に学ぶ日々は、長年に亘りないがしろにしてきた日常を取り戻す日々であり、至極凡庸でありながらかけがえのないものである。

総合商社の女

このところ連続ドラマ『ハル〜総合商社の女〜』の撮影に励んでいる。

ご存知の通り、総合商社というのはラーメンからロケットまでと謳われるほど幅広い商品を扱う日本ならではの業態で、エネルギー、金属、機械、食料、インフラ整備、繊維など、その触手はあらゆる方向に伸びており、海外でもSogoshaとして認識されているらしい。

インターネットを通じて企業と企業、企業と消費者はもちろんのこと、消費者間でも取引が成立する時代においてなお、企業と企業を繋ぎ、人と人とを繋ぐことで手数料収入を得るビジネスモデルは健在であり、途上国における開発や、医療分野でも存在感を増しつつあるという。

就職氷河期世代の私にとって、総合商社に就職した女性は熾烈な就職戦線で生き残った勝ち組であり、その多くは一般職として、最前線で活躍する男性社員のサポートにまわり、社内結婚をして退職し、夫の赴任地に帯同するというイメージで、非正規雇用者が激増した時代に総合商社に就職できただけでも御の字で、ましてや数少ない総合職の枠に入り込むなんて、よほど優秀で幸運な女性なのだろうという印象がある。運良く総合職に就いたとて、女性が直面する結婚、出産の壁において悩み、退職を余儀なくされたり、時短労働によって望む部署での活躍を諦めざるを得なくなるのが現状なのではないだろうか。その一方で、責任ある仕事に生きがいを見出し、結婚はするけれど出産はしない、あるいは、結婚はしたけれど、出産をする機会を逸してしまったという女性、さらには、結婚も出産もせず、キャリアを追い求める女性もいる。

この度演じている海原晴《かいばらはる》は、ニューヨーク帰りのキャリア女性で、10歳の息子を抱えるシングルマザーでもある。しかし、彼女が仕事に邁進するのは、経済的困窮からではなく、仕事を通して社会貢献することに生きがいを感じているからであり、かつて日本企業における女性の待遇に失望し、新たなキャリアを積むために夫と離婚してまでアメリカに渡り、ニューヨーク州の弁護士資格を携えて再び日本に舞い戻って来たのだった。

男性中心の縦社会において、日和見主義、事なかれ主義の停滞した空気を破壊し、不可能を可能にすべく、堂々と正論を述べ、根回しなしに猪突猛進する。そんな彼女の仕事ぶりは、イエスマンに徹して立身出世を図る保守的な日本の会社組織にはそぐわず、当然のごとく同僚たちからは疎まれる。

リスクを恐れて身動きできずにいる人々に、「冒険せずに利益を確保するより、トライしてもっと大きな利益を生む」などと物申す晴の姿は清々しく、その一方で「そんなこと言ってるから万年課長なんですよ」などと、危険な橋もはばかることなく渡る彼女を男性たちが毛嫌いすることも理解できる。

多くの男性たちは家族を養うために、クライアントにも上司にも、部下にさえ媚びへつらって、社内政治に疲弊しつつも辛うじて生きているのだから、「私、どこでも生きていける自信あるんで」などとのたまう女性など、自分たちの価値観を脅かす邪魔者以外の何ものでもないだろう。しかし、彼女にとって、仕事とは楽しくあるべきであり、受け身を嫌い、ただひたすらに目の前の案件に献身的に携わる。そのためなら頭を下げることも、泥臭い現場に赴くことも厭《いと》わない。そんな晴の情熱にほだされて、若かりし頃の夢や情熱を再び取り戻す人々も少しずつ現れ、味方が増えていく。

自ら道を切り拓いて来た晴にエクスキューズはない。子育てと仕事の両立に悩む暇があったら目の前の課題をどんどんこなしてフロー状態に入ってしまう。難攻不落の城に攻め入ることこそ彼女のモチベーションの源であり生きがいに他ならず、誰も彼女を止めることはできない。

とは言え、晴のように優秀で気力も体力もある女性ばかりではないことは明白で、子供を産め、仕事もして納税せよ、さらには介護も自宅でと言われて途方に暮れる女性たちのためのセーフティーネットは、当然ながら必要である。

　今もなお良妻賢母のイメージが私たち女性を縛っていることも事実で、その呪縛を解くには、私たち女性がその幻想を捨てる勇気を持つことも必要なのではないかと思うこの頃なのだ。

装いについて

実はこのところあまり物欲がなく、目まぐるしく移り変わる流行を人ごとのように眺め、3〜4年前に購入した洋服を繰り返し着回していた。

洋服が嫌いなわけではない。むしろ若かりし頃から洋服は好きな方だった。

10代の頃、当時はまだ数少なかったインポートのアニエス・ベーのスナップカーディガンやボーダーTシャツを購入しては何度も大切に着回し、ベレー帽と共にフレンチカジュアルを気取っていた。18歳の頃に購入したA・P・Cのミリタリージャケットや、同じく18歳の頃に購入したメゾン・マルタン・マルジェラのAIDS啓蒙Tシャツ、25歳の頃に求めたgreenのモッズコートなどはオーストリア移住にともなって最小限の物を残して大胆な断捨離を敢行したにもかかわらず、未だにクローゼットの中にある。かつてココ・シャネルがコルセットから女性を解放したように、異性を意識したモテるための洋服から女性を解放したフィービー・ファイロが手がけたセリーヌのクロンビーコートも同様である。

第二次世界大戦後の暗澹《あんたん》たる世界で女性の尊厳と希望を取り戻すことに貢献をしたクリス

チャン・ディオールによるバージャケットという偉大なる遺産も、生涯大切に着続けることだろう。

思えば自分に似合いもしないトレンドを必死で追いかけた時期もあった。25歳か26歳の頃だっただろうか？　どしゃぶりの雨の日にもかかわらず、クリストフ・ルメールのファッションショーを鑑賞するために白いシャツにベージュのショートパンツ、そして11センチヒールのフリンジの付いたスエードのロングブーツを履いてパリのサン・ジェルマン・デ・プレ界隈を闊歩していた。ところが、石畳の隙間にヒールが挟まれて動けなくなってしまい、慌ててヒールを引き抜こうとしたところ雨で濡れていた石畳の上を滑って転びそうになり、通りがかりの老人から「ファッションヴィクティムだ！」と笑われたことをきっかけに我に返り、トレンドを追うがために自らを見失うような愚行は控えるようになった。

27歳で着物に目覚めてからは、それまで洋服に費やしていた予算を着物に移行するようになった。状態さえよければ何代にも亘って譲ることが叶い、多少体形が変わっても着続けることができる着物に比べて、半年ごとに移りゆく洋服のトレンドはとてつもなく早く、虚しく感じられて、あえて5年後、10年後も着たいと思える洋服を選び始めた。

極めつきは、20代最後の年に敢行したインド旅行で、南インドで過ごした1ヶ月の間、麻のパンツ2本とコットンのチュニック1枚にプチバトーのロングTシャツ1枚ほどで事足りてしまったことで、洋服はそんなにたくさん必要ではないことに気付かされた。

それにもかかわらず、人前に出る仕事ゆえに、T・P・Oや役柄によって様々な洋服を必要とするため、いつしかシーズンごとにたくさんの洋服を購入する暮らしに戻っていた。コートや靴、バッグなどのキーアイテムは良質なものを、それ以外はファストファッションで十分だとも考えるようになったのだった。安価でも素敵な洋服がいつでもどこでも手に入るこの時代に、いつ飽きるとも知れない洋服にお金を使うことは無駄だとも思えた。

しかし、一年の約半分をヨーロッパで暮らしてみると、あちらの女性達が必ずしも最新のファッションに身を包んでいるわけではなく、むしろ雑誌の提示する流行に踊らされることなく、良質なものを長く着ていることが多く、それでいて個性を引き立たせるセンスの良さに脱帽するばかりで、環境に負荷のかかるファストファッションを際限なく追い求め、もはや洋服が使い捨てになってしまった世の流れに疑問を感じ始めた。

ああ、そうだった。クローゼットの中に残っている数少ないアイテムは、ひとつひとつ信念を持ってデザインされ、吟味された素材で作られたマルタン・マルジェラのものや、アン・ドゥムルメステール、ハイダー・アッカーマン、ザ・ロウにジル・サンダー、クリスチャン ディオールのものだった。

時にはファストファッションを楽しむこともあるだろうけれど、安価なものをたくさん購入するくらいなら、ずっと大切にしたいと思える素敵な逸品を少しだけ求めて、堂々と何度でも、何年でも着回せばいいのだと、誰の目も気にすることなく、心から好きだと思えるものを身に着ければ良いのだと、今さらながら思い至った。

ピチカート

iTunesやSpotify、IDAGIOなどのアプリで音楽を聴くことが日常となり、すっかりCDを購入することから遠のいてしまった。

映画のサウンドトラックの輸入盤を映画の公開前に購入したり、オルタナティブ系の新しいアーティストをニューヨークのOther Musicというレコード店で発見したり、クラシックのアーカイブなどをレコード店のクラシックコーナーにて厳選することで身体中の血が騒いでいた若かりし頃の情熱は何だったのだろう？

そういえば、ブライアン・イーノは音楽に従事する人間であるにもかかわらず、5枚ほどしかCDを所有していないと、彼の出版した日記に書かれていた。

私もかつてのように書籍やCD、映画のDVDなどを所有することで充足感を得ることもなくなり、テレビもない、CDプレイヤーもない、DVDプレイヤーもない暮らしをして久しい。

書籍は電子書籍で事足りるし、電子版がない場合でも図書館や古本で済ませてしまう。映画も映画館を訪れる以外は、サブスクリプションでかなりの作品がカバーされているため、所有する必要がなくなった。

この数年は映画やドラマの台本すら印刷したものは受け取らないようにしている。NHKの大河ドラマは常に10冊ほどの台本が同時進行で撮影されるし、連続ドラマも3〜4冊分が同時進行で撮影されるものだから、全ての台本を持ち歩いていては、バッグがとてつもなく重くなってしまう。台本のPDFデータを読書アプリに入れて持ち歩き、iPad miniで読むことで、荷物の削減が叶い、身体の負担が軽減された。

いつでもどこへでも旅立つことができる身軽さは、心も軽くしてくれるのと同時に、私の身に万が一のことが起こった際に、残された家族が所有物の整理に苦労しなくて済むという安心感を与えてくれる。

したがって、音楽も既出の通りミュージックアプリから流れる曲を、Bluetooth経由でスピーカーから聴くか、AirPodsで聴くことにより所有欲を失った一方で、生で素晴らしい音楽に耳を傾ける喜びはこのところ増す一方である。

先日もウィーンフィルの日本公演にて、残念ながら全ての公演を聴きに行くことは叶わなかったものの、蜜月にある指揮者クリスティアン・ティーレマン氏との絶妙な呼吸を目の当たりにして、魂を震わされた。

クラシック音楽の醍醐味は、弦楽器しかり、管楽器しかり、打楽器しかり、繊細で壊れやすく貴重な薄張りのガラス玉を各々のパートが時には素早く、時にはゆっくりと、あるいは大胆に手渡して行くようなスリルを味わえることではなかろうか。決して床に落とすことなく、衝撃で壊すこともなく、貴重なガラス玉を手渡す作業は、作曲家の趣向によっては、順不同で突然あらぬ方向に投げる必要もあり、渡す方も、受け取る方も神経をすり減らす。

共に音楽を演奏する仲間の音に注意深く耳を澄ませることで、エゴを捨てて全体の音楽に溶け込む美しいユニゾンを聴かせつつ、各パートの音を際立たせることができるのは、ウィーンフィルの誇るべき持ち味であり、その良さを最大限に引き出し、統率力を発揮したティーレマンの手腕に唸らされたのだった。

誰もが知る交響曲のアダージオで涙そそられることは度々あるけれど、リヒャルト・シュトラウスの交響詩「ドン・ファン」のようなリズミカルかつ華やかな曲で息が止まるような静寂を味わい、心臓をわしづかみにされたかのような興奮を覚えるとは夢にも思わなかった。

愛欲にまみれたドン・ファンが死に至る瞬間を表現した最後の全休止、そして「ボンッ……ボンッ……」という弦楽器によるピチカートの音と音を繋ぐ、身体が引き裂かれそうになるほどの静謐な間が保たれたことに鳥肌が立ったのと同時に、思わず涙させられた。

しっとりと、ねっとりとしたあの緊張感溢れる間こそが、音楽に否すべての芸術に必要な余白であり、無音こそが饒舌に語るのだった。

いかなる名録音でも敵わない、その場にいた聴衆のみが共有できる奇跡の瞬間に立ち会えたことが嬉しく、慈しむべき貴重な静寂を破ることなく、真摯に聴き入っていた聴衆の音楽に対する理解の深さが嬉しく、こればかりは、ストリーミングサービスでは味わえないものだと改めて実感した次第である。

所有するのではなく、たった一度きりの幻の瞬間を追い求めて、今夜もまたコンサートホールへ向かおうではないか。

病室で念仏を唱えないでください

ドックン、ドックンと、心臓の鼓動に合わせて動脈から溢れ出す鮮血は、まるで画に描いたかのように赤く、濁りのない美しい色をしていた。

心臓外科のバイパス手術と人工弁置換手術に立ち会うことが許されたのは、撮影中の連続ドラマ『病室で念仏を唱えないでください』にて救命救急医を演じるためだった。

人の命を救う救命医と、魂を救う僧侶を兼任する僧医である主人公松本照円は、幼なじみが溺死してしまった現場に居合わせ、助けられなかったことを悔やんで僧侶になり、医師にもなったと言い、救命医として、そして、病院付のチャプレンとして物語の舞台となるあおば台病院に勤務している。

僧侶だからといって聖人君子のように清廉潔白な振る舞いをするであろうなどという期待は早々に裏切られ、職場に卑猥な本を持ち込んだり、水着の女性に目を奪われたり、般若湯《はんにゃとう》をあおったりする生臭坊主であるところが人間らしくて、むしろ愛すべきキャラクターとなっている。

とは言え、人を救いたいという情熱だけは信じるに足るもので、次から次へと運ばれてきては、快方に向かうか、他科で療養するか、あるいは不幸にも亡くなるかして、去って行く患者やその家族の心に必要以上に食らいつき、ときには邪険にされながらも人の道を必死で探求している。

私が演じるのは、僧医松本の同僚で、同じ救命医でありながら、指針の異なる人物で、患者の魂を救うことなどおこがましく、ましてや仏教を不特定多数の患者が訪れる病院の現場に持ち込むことを快く思ってはいない。あくまでも治せるのは患部だけだと一見クールなスタンスを貫きつつも、隠れ仏教徒ではないかと松本が疑うほど、仏の教えに通じている。

救命救急医の仕事は、運ばれてきた患者を触診、聴診し、必要とあらば、血液検査はもとよりレントゲンやCTなどの検査をしてその結果如何で投薬による治療にするのか、あるいは他科の専門医にバトンタッチするのか、その場で緊急手術をするのか診断をし、振り分けることだという。

今回のドラマにおいては、松本も三宅も心臓の手術まで執刀できる数少ない救命医で、1話から早々に緊急開胸を施すことになり、医療監修の山岸俊介先生が執刀なさった手術を見学させていただいたのだった。

手術室に入ってまず驚いたことは、ポップソングが流れていたことで、緊張感溢れる手術だからこそ平常心を大切にしていらっしゃるという。

開胸してから瞬く間に、内胸動脈という失われても身体へのダメージがなく、心臓のバイパスに最適の動脈が切り取られた。同時に前立ちの先生が大伏在静脈を脛のあたりから取り出し、2本の血管が用意された。

実は内胸動脈を取り出す作業はとても繊細で、この動脈を損傷してしまった場合などは、二度と執刀することはできないと思った方がいいらしい。二千人ほどいる心臓外科医の中でも実際に執刀できるのはわずか二百人、その中でも腕利きと呼ばれるのは十人しかいないという狭き門なのだ。

当初はバイパス手術一箇所と弁置換術一箇所の予定だったものの、開胸して実際の心臓に新たな狭窄部位が見つかり、バイパス手術を施すべきか否か麻酔科の先生と協議の結果、2箇所のバイパス手術になったことが印象的だった。バイタルをモニターにて観測している麻酔科医は、麻酔のみならず、患者の状況を全て把握しているため、心臓外科医が意見をあおぐことも珍しくはないのだという。

2ミリにも満たない血管に予備で脛から取り出した大伏在静脈を縫い付ける神経をすり減らすような作業中も至って変わらず、普通に会話を続けるばかりか、私たちの質問にも気さくに答えて下さるマルチタスクぶりが羨ましくて仕方がない。腕や指の神経に障るような運動はせず、重い物は持たず、人知れず練習を重ねてきたからこそ培われた確かな技術と自信は、いかなる難題が訪れても揺るがないのだろう。

生きている人間の拍動する心臓を目の前で見たのは生まれて初めてのことだった。その心臓の動脈から流れ出る血液を見たのももちろん初めてだった。私たちが普段目にする静脈からの血液の色に比べて動脈からの血液のなんと色鮮やかなこと。生きようと必死で動く心臓を目の当たりにし、生命の神秘に触れたこの感動は、生涯に亘り決して忘れないだろう。

ずっと恋をしていました

2020年の始まりはアンドリス・ネルソンス氏がタクトを執ったウィーンフィルのニューイヤーコンサートと共にあった。

丁度一年前の元日にも楽友協会にてクリスティアン・ティーレマン氏の指揮によるコンサートを堪能させていただいたとき、指揮者と楽団、そして客席がひとつになるあの特別なコンサートに心動かされ、高揚した気分で黄金のコンサートホールを後にしたことを覚えている。

この度は、2013年に上演された三谷幸喜さん演出の舞台『ロスト・イン・ヨンカーズ』にて母娘を演じて以来、演劇界の母として疑似家族を続けている草笛光子さんとご一緒に、再びお正月の風物詩を味わうこととなった。

生のオーケストラと共に歌い踊り、演じていらした草笛さんにとって、本場の楽友協会にてウィーンフィルの演奏を聴くことは、長年の夢だったとおっしゃる。ニューイヤーコンサートに先駆けてNHKの前哨番組の撮影のため訪れた彼の地では、ベートーヴェンやモーツアルトが集い、音楽を演奏していたというウィーン最古のカフェ「フラウエンフーバー」や、ベルヴェデーレ宮殿を訪れ、在りし日の音楽家たちの暮らしぶりに想いを馳せたり、クリムトの『接吻』をご覧になったそうで、その折のお召し物が何とまた素敵なこと。リアルクローズやアスレジャー、ファストファッションが世界中を席巻し、誰もが過剰に装うことから解放され、機能性や手頃さが重宝される昨今において尚、フルレングスのドレスや燕尾服が似合う街、それがウィーンなのだ。

２０２０年はベートーヴェンの生誕２５０周年に当たり、楽友協会の建立１５０周年でもある。この度のニューイヤーコンサートではお馴染みのヨハン・シュトラウスのみならず、史上初のベートーヴェンが演奏されたことが話題となった。

実は、知らぬ間にインフルエンザに感染したようで、ウィーンに到着後発熱と激しい咳で寝込み、ウィーンフィルの楽団付きの救命救急医シュテルツ教授から隔離の指令が出た。夫もニューイヤーコンサートに参加予定のため、リハーサル、本番を通じて感染者を増やす訳にはいかなかったのだ。まずは夫にインフルエンザウイルスを感染させないよう、３M社の立体的で密着度の高いFFP3レベルのマスクを頓服薬やハンドサニタイザーと共に5日分渡された。いかなる大病や急を要する外傷の患者を目の前にしても、慌てることなくおおらかに振る舞うシュテルツ教授が、本来ならば非番にもかかわらず早朝の往診を自ら申し出、いつになく気を揉んでいらしたのは、世界中からプレミアムチケットを握りしめた聴衆が押し寄せ、約90カ国で同時生中継されるニューイヤーコンサートでのパンデミックを恐れてのことだった。

Dr.シュテルツのお達しに従順に従ったお陰で、二度目の検査結果は陰性。夫を筆頭にウィーンフィルのメンバーを道連れにする心配は杞憂に終わり、無事に元日を迎えることができた。

草笛光子さんのお手を取り、150年来ウィーンの人々の心の拠り所となっている楽友協会に足を踏み入れると、すでに客席は世界中から訪れた盛装の紳士淑女で溢れかえっていた。

80代にして今もなお舞台上で踊りをご披露なさる健脚の草笛さんは、次々に演奏されるワルツやポルカ、そしてベートーヴェンの舞曲「12のコントルダンス」などに身を委ね、心のなかで踊っていらしたようにお見受けした。CDで聴く限りでは、革新性に欠ける退屈な音楽で毎年お馴染みの曲を惰性で演奏しているのかと高をくくっていた私も、楽友協会という類い希なる音響を誇るコンサートホールにて生でその演奏を聴くようになってから、ワルツやポルカの世界で心地よい白昼夢を見ることができるようになった。

アンドリス・ネルソンス氏はかつてウィーンフィルの楽団員に向けたスピーチにてご自身

をへりくだって「自分など取るに足らない蚊のようなもの」と語っていらしたけれど、この度のウィーンフィルを的確に導き、全ての楽器、全ての音符、そして全ての休止符に愛情を注いでいたのは、まぎれもなくアンドリス・ネルソンス氏ご本人であった。

「美しく青きドナウ」の冒頭、繊細なピアニッシモのトレモロに鳥肌を立て、指揮者の指示に従って満場一致で手拍子を打つ「ラデツキー行進曲」に得も言われぬ高揚感を覚え、草笛さんの放ったお言葉に、酔わされた。「私、音楽を聴いている間、ずっと恋をしていました」

死ぬ瞬間

ドラマ『病室で念仏を唱えないでください』の撮影にて、人の生死の狭間に立ち会う日々を送っている。

実際の医療の現場でも事故や突然の転倒などで運ばれてくる患者達の背景は様々で、いかなる立場の人間でも命を救うことを使命としている救命救急医としては、望みのない患者にも一か八かで手を施すことはもとより、ホームレスであれ、たとえ殺人者であれ、ヒポクラテスの誓いに従って、患者の貴賤を問わず最善を尽くすのだという。

ドラマの物語では溺水による心肺停止や、交通事故による多発外傷での脳死、火事での重度熱傷などの患者が次々に搬送されてきた。

緊急オペで開頭し、脳の減圧を試みたり、心肺停止した患者の胸を切り開いて直接手で心臓マッサージを施したりと、できる限りのことをしても残念ながら万策尽きて息を引き取る患者もある。かように救命の現場では死に直面することが度々あり、遺族に死亡を告げる場面は、演じていても心苦しい。

その一方で、治療が奏功し、意識が戻った瞬間は、それが演技だとわかっていても感激する。しかし、しばしば助けた患者から「なんで助けたんだ？」と恨み節を言われることがある。その理由は様々で、借金返済に喘ぐ困窮した生活から逃れて、せめて妻子だけは保険金で楽になれたはずだという者や、難病に苦しむ患者が生き延びたところで希望などないという者もあった。私が演じる三宅の患者に対する台詞は、「それでも命を助けるのが私達の仕事ですから」だった。当然ながら救命医は、目の前に瀕死の患者が横たわっていれば、何よりも延命を優先する。彼のジョージ・マロリーが「なぜエベレストに登るのか」と問われて「そこに山があるからだ」と返答したように、救命医が「なぜ助けたのか」と尋ねられれば、「そこに患者がいたから」と述べるのみである。

果たして、この世に生きる意欲のない患者を高額な治療を施してまで救うことが正しいことなのか否か、それは医師たちに突きつけられた永遠の命題であろう。

国民皆保険制度のお陰で、病院にかかるほどでもない軽症にもかかわらず大学病院に日参して暇つぶしをしたり、必要に迫られてならまだしも、話し相手が欲しいがために、セカンドオピニオンと称してドクターショッピングをしてみたり、保険適用薬を本来の目的以外の美容に用いたり、向精神薬のオーバードーズに興じてみたりと医療費の無駄使いが横行していることが問題となっている。重篤な症状においても無理な延命によってかかる医療費は、手術代、集中治療室のベッド代、人工心肺のランニングコスト、それに伴う人件費など、その金額たるや青天井である。ましてや、それだけの治療を施しても予後が期待できず、何よりも患者本人の身体的負担が大きい。

残される家族は、一日でも長く生きて欲しいと望むのが当然であることは理解できるし、担当の医師とて、できれば患者の命を生かしたいと思うのが人の情けというものだろう。

しかし、恐らく多くの人と同じように、私もまた、「本当にそれでいいのだろうか」と思うひとりである。

ドラマの撮影に入る前に、医療従事者に推奨される書籍としてアメリカの精神科医であったエリザベス・キューブラー＝ロスの『「死ぬ瞬間」と死後の生』を読む機会があった。幽体離脱体験や、輪廻転生などについても書かれており、その信念には賛否あるものの、彼女が真摯に見つめた患者達、そして遺族達が死を受け入れるに至る過程が書かれており、なんとも言えぬ安堵感を覚えた。

たとえ小さな子供でも、長年煩っている病の果てに未来はないことを誰に言われずとも悟っており、これ以上苦しい治療を望まないと言外の表現をするのだという。精神科医である彼女は、大人達よりもよほど賢い子供達が発するそうしたサインを決して見逃さず、絵を描かせたり、象徴表現から意思を読み取って、親が自らの子供の死を受け入れるための手助けをするのだ。

翻って、自らの死に際しては、無理な延命を望まないのは当然としても、大切な家族の死が目前に迫った際に、患者に苦痛を与えるだけの延命治療を望まず、静かに看取る勇気を持つことが果たしてできるものだろうか？

自宅軟禁

２０２０年3月18日の1：55羽田発ウィーン行のフライトには国境を閉鎖するというオーストリアへの帰還を急ぐ人々がわずか数十名ほど乗っていた。

中国の武漢に端を発したコロナウイルスの脅威は、ヨーロッパにその主戦場を移し、シェンゲン協定にて人や物の自由な往来を保証していた国々が次々に国境を閉鎖し始め、自国へ戻ろうとパニック状態で空港に押し寄せる人々が各国で続出した。

かくいう私もそのひとりで、予定より数日繰り上げての出発は、ドラマの撮影を終了するなり慌ただしく荷物をまとめ、親しい人々に挨拶すらする間もなく同日の夜中に飛行機に飛び乗り、夜逃げかはたまた亡命かのようだった。

オーストリアの友人、知人から逐一送られてくる情報はイタリアとオーストリアの国境が塞がれ、イタリアに隣接するチロル地方が隔離され、ドイツとオーストリアの国境さえ封鎖されるといった具合に、刻一刻と戦時中さながらに変化し、最後通告のようにオーストリアが外国人に対し、入国を制限するとのことだった。

当初はこの災禍もそのうち過ぎ去るだろうと悠長に構えていたもので、撮影していたドラマの終了後、ゲーテインスティテュートによるドイツ語のA1試験を受けるため、数日間は東京に滞在するつもりだった。

ところが、管弦楽アンサンブルPHILHARMONIXの中国ツアーやアメリカツアーが軒並みキャンセルになり、コロナ失業の渦中にある夫が日本を訪れたところ、河原や公園で春の到来を謳歌する人々の姿を見て、あまりの呑気さに呆れたといい、ジョンズ・ホプキンス大学が公開する世界各国の感染者数、新規感染者数、死者数、回復者数などのデータを日々確認するよう促され、日本と各国の対応を比較し、まるで軍靴の音が忍び寄るかのごとく外出禁止令が続々と発令されるヨーロッパ各国の動向を見せられて事態の深刻さを理解するに至った。

空港でのチェックインの際には、一度チケットが発券されたにもかかわらず、「お客様、少々お待ちくださいませ」と呼び止められ、「本日、ドイツで日本人搭乗客が入国を拒否されたことが数例ございまして」と搭乗を拒否されそうになるも、口八丁手八丁でギリギリ滑り込んだのだった。

個人的な信条により、国際結婚の特権を利用して夫婦別姓を貫いてはいるものの、パスポートには括弧付きで夫の姓を併記してあり、ドイツ政府発行の婚姻証明書も携帯しており、幸い夫も同乗のため、オーストリアの入国審査を強行突破する自信があった。万が一入国の際にトラブルがあれば、日本に強制送還の可能性もあったけれど、幸運なことに、ＥＵのパスポートを持たずに入国できる最後の瞬間に間に合ったのだった。

私はあくまでも日本人であるし、日本の国籍を放棄するつもりはこの先もないけれど、このような有事に帰る場所はやはり家族のいる場所なのだと改めて自覚するに至った。どれほどの人々がこの究極の選択を迫られたことだろう。第二次世界大戦後に、ソ連軍に生家を占領され、幼い妹の手を引いて東ドイツ側から着の身着のままで西ドイツ側に逃れて来たという義母の過酷な体験を思わずにはいられなかった。

こちらでは一様に自宅待機が命じられ、食料品店と病院、薬局、ガソリンスタンド、郵便局など、生活に最低限必要な業務以外は営業を禁じられている。レストランはもとよりファーストフード店ですら鳴りをひそめ、いくつもの企業が倒産を発表し始めた。

外出を許されるのは食料品や医薬品の買い物と、通院、1時間程度の散歩やサイクリングのみで、人とすれ違う際には2メートルの距離を保つよう警告されている。

それでも、食料とトイレットペーパーが入手可能なだけでありがたい。すぐお隣のイタリアの痛ましい惨状に比べたら、なんと恵まれていることか。ザルツブルクの山中にて、日の出と日没を慈しみ、読書や勉学に勤しみ、限られた食材で日々の料理に精を出し、究極にシンプルな巣ごもりをキャンドルの仄明かりで照らし、毎日ラジオから流れる暗いニュースに屈することなく、ささやかな幸せをみつけようではないか。

山ごもり

ザルツブルクの山中における自宅軟禁生活が一ヶ月を迎えた。

友人知人にも軽症ながら感染した者が現れ、ニュースで見るような防護服を着た検査医が自宅を訪れたという写真が送られて来たり、実際にウィーン州立病院のICUにて患者の振り分けを采配する親しい医師からも最前線における過酷さが漏れ伝わって来ている。

2020年4月13日はカトリック教徒たちにとってクリスマスと同様に重要なキリストの復活祭《イースター》で通常なら家族が一堂に会するお祝いの日であった。しかし、今年は、家族間でのお祝い事も禁忌とされ、日本のお盆やゴールデンウィーク並みに混雑するはずの高速道路では閑古鳥が鳴いていた。

第二次世界大戦やスペイン風邪の折にもこの度ほどの規制はなく、人々はこれまでに経験したことのない分断と疑心暗鬼に陥っている。

その一方で、あるホテルが貧しい独居老人のために無料の食事を提供し始め、暇を持て余す観光馬車の御者たちがそれを配達するという、何とも微笑ましいニュースも飛び込んできた。

友人にも知人にも一切会わず、近所の方々とも遠目に挨拶をするくらいで、家族以外の誰とも交流をしない日々が一ヶ月も続くような暮らしは生まれて初めてのことだったけれど、生来の怠け者気質にて、自宅の木陰でゴロゴロと寝そべり、読書や空想に耽り、ただ過ぎ行く時間に甘んじることはむしろ最高の贅沢で、自宅軟禁と言われてもさほど辛さを感じないことは幸運であった。

とは言え田舎暮らしは、不便さと引き換えに誰にも邪魔されない自由を享受するもので、実際には読書だけにかまけるような贅沢は叶わず、食料の買い出しや草むしりに植栽の水遣り、不具合の生じた家のパーツの修繕、暖炉の薪の管理、リサイクルゴミ集積所への定期的なゴミの運搬などで瞬く間に一日は過ぎて行く。

全くもって専業主婦には向かず、極力家事に携わりたくないがために仕事を続けているようなものだったけれど、一ヶ月の間、朝昼晩と一日の食事を全て手作りし、いかに新鮮な食材を効率よく入手できるか考える日々も、ＩＣＵにて疲弊する医療従事者たちに比べたら、なんと脳天気なことか。

きっと、多くの方々も自宅にいてすることと言えば、掃除か、読書か、料理ではなかろうか。

とりわけ一日の楽しみは必然的に食事となり、被服や交際などには一切費用がかからないため、エンゲル係数は上昇気味である。

外出禁止令の発令時にオーストリア政府が約束したとおり、食料やトイレットペーパーが不足することはなく、こちらの激安スーパーHOFERでは、オーガニックのキヌアや古代小麦の全粒粉パスタ、野菜や果物などが入手可能なことがありがたい。

また、見栄を張って地位財に執着するよりも、家族と過ごす時間や、自然との触れ合い、健康を大切にするお国柄か、少々値は張るものの、BasicやDENNSといったオーガニックの専門店に自転車ではるばる訪れる質実剛健なシングルマザーも多い。

このような時だからこそ、少しでも美味しいものを作りたいという貪欲さとともに、品質の良い食材を扱うオーガニック専門店や、丁寧な仕事をする精肉店や鮮魚店、オーガニックの羊乳を取り扱う牧場などをできる限り支えたいという思いで車を走らせる。

また、計量することが面倒で、これまでお菓子作りなどにはまるで興味がなかったものの、午後のティータイムに添えるクッキーは、蕎麦粉とカカオパウダー、ココナツフレーク、チアシード、そしてアルガンオイルを捏ねた生地に、白樺から採られたキシリトールや、ココナツシュガーなど、GI値の低い天然の甘味料で甘みをつけてオーブンで焼くようになり、時には時間を誤って真っ黒焦げにしながらも何とか挑戦を続けている。

クラシックの音楽家である夫のコロナ失業はいつまで続くのか定かではない。演じるという私の仕事とて、未来は不確定要素ばかりである。

かくしてエンゲル係数は上昇するばかりだけれど、日々の糧にも困窮する人々が増える中、雨風を凌ぐことが叶い、毎日食事に与《あずか》ることができるとは、至極幸福なことではないか。

Brunnwirt

　こちらオーストリアではコロナ禍による厳格なロックダウンが解除され、2ヶ月ぶりに家族経営の小さなレストランを訪れた。

　現在暮らしているザルツブルク郊外の家は市街地から離れているため、パンデミック以前もレストランでの食事をする日は限られていたけれど、それでも三食の調理に加えてクッキーまで焼くような日々が2ヶ月も続いたことは生まれて初めてのことで、献立がなかなか思いつかない日もあった。

　3日に一度ほどスーパーマーケットへ買い物に出かける際には当然のことながら来《きた》る数日間のメニューを想定しながら購入するものの、日本のようなハウス栽培が少ないこちらでは、EU圏内で採取できる野菜がわずかな種類のみあるばかりで、あまり代わり映えがしない。

　キャベツ、タマネギ、じゃがいも、スイートポテト、人参、トマト、ズッキーニ、ブロッコリー、カリフラワーなど、わずか80種類ほどの野菜が主で、季節によっては、グリーンアスパラガスにホワイトアスパラガス、行者にんにく、あんず茸、ポルチーニ茸などが出回る。

日本のように、四季を通じて150種類もの野菜が存在し、水菜やニラや、豆苗、ごぼうに山芋といった多様性のある野菜が手に入り、旬が巡ればタケノコやウドにうるい、松茸にセリ、れんこん、海老芋などが手に入るような環境であれば、材料からインスパイアされることも多いけれど、ヨーロッパで手に入るわずかな種類の食材で献立を考えることは、至難の業である。

更には、第一次世界大戦にてイタリアに海を譲ったオーストリアでは、サーモンや鱒などの淡水魚はスーパーでも手に入るものの、海の魚介類は大変希少で、イカや海老を購入するだけでも、近隣諸国からの輸入も行う上、キャビアの養殖にも励む貴重な鮮魚店を往復1時間以上かけて訪れることになる。それも、厳格なロックダウンの間は鮮度がはかばかしくなかったため、足が遠のいていた。

限られた食材で創意工夫をこらすのは、創造力を養うための良きトレーニングにもなったけれど、同じメニューが何周かしてしまい、そろそろ誰かが作ってくれたものを食べたいと思っていたころに、ようやくレストランの営業が許されたのだった。

もちろんコロナウイルスの根絶には未だ至っておらず、手放しで歓喜するわけにはいかず、マスクの着用、手洗いや消毒の徹底により細心の注意を払いながらではあるものの、馴染みのレストランで久々によそ行きの服をまとって食事をすることには心躍った。

繁忙期のアルバイト従業員を除いては、夫婦のみで営業するこちらのレストランは、60年の歳月を経てなお受け継がれるお店で、一日に8組以上の客人を取らず、夏期にはカリブ海かと見紛うようなターコイズブルーのフシュル湖を望む庭にテーブルをしつらえる。コロナ禍のニューノーマルスタイルでは私たちを含めて5組が間隔を空けて着席していた。

アミューズグールには、自宅で飼育したという豚のスモークハムやレバーパテ、自家製の全粒粉パンなどが供される。毎年4月から9月まで大切に育てた豚を食用にするとのこと、いつも「食は殺生だから余すところなく食べるのよ」と言っていたおそば屋さんの女将さんを思い出す。

その日に入手可能な食材からメニューを即興で考えるというシェフのヨハネス・ブランドシュテッターさんは伝統的なオーストリア料理に、低温調理《スーヴィード》や高温調理などの新たな技術を加えて、素材の旨みを丁寧に引き出し、絶妙な加減でハーブを用いることで、料理に新鮮さと奥行きをもたらす。

大好きな仔牛の胸腺《スウィートブレッド》のフライとレバーソテーの組み合わせには、麻の実のオイルで和えたサラダが添えられていた。

これまでさほど好みではなかった鱈も、ヨハネスさんの的確な火加減によってポーチド鱈となり、あのパサパサとした食感がフワッと柔らかい食感に取って代わられた。

他のお客さんの笑い声が聞こえてくることも、料理と料理の間が空くことも、すっかり忘れていたけれど、顔の見えるオーナーシェフの作る繊細な料理のおいしさに、当たり前の日常のありがたみを嚙みしめた。

国境

コロナ禍により約3ヶ月にわたり封鎖されていたオーストリアの国境がようやく開放された。

3月10日の対イタリアを皮切りに、3月20日からは全ての周辺国について、食料品や医療器具の運搬、医療従事者など、いくつかの例外を除いて国境の往来が禁じられていた。人口900万人弱の小さな国は、早々に国境封鎖と外出制限を決断し、マスクの着用を義務づけたことにより死者数を最小限に抑えることが叶い、4月から少しずつ規制緩和に舵を切り始めていたのだった。

6月15日の国境開放後間もなく、訳あってザルツブルクから車で約25分ほどのフライラシンというドイツ側へ渡ったのだけれど、ものの見事に国境コントロールの「コ」の字もなく、拍子抜けしたほどだった。

私たち日本人にとって国境といえば、海外へ渡航した際に「入国の目的は？」「滞在は何日間？」などと尋ねられ、ガチャンとスタンプを押されるあの入国管理が想起させられるけれど、こちらヨーロッパでは、国と国が地続きゆえに、陸路で国境に遭遇することがしばしばある。

イギリスのブレキシットが難航したのも、ご存知の通りEU残留組のアイルランドと離脱組の北アイルランドの国境が地続きであるからにほかならない。

オーストリアなどは、ハンガリー、チェコ、スロバキア、スロベニア、ドイツ、スイス、リヒテンシュタイン、イタリアと周囲を8カ国に囲まれているけれど、人や物の自由な往来を保障するシェンゲン協定により、そうした周辺国ともほぼ何の障壁もなく行き来できていたもので、このコロナ禍による国境封鎖は衝撃的だった。

実際に他国と国境を接する地域では、家庭はハンガリーにあるけれど、オーストリアで仕事に従事する人や、土地や家賃の手頃なオーストリアで生活し、賃金水準の高いスイスで稼ぐという越境労働者がたくさんおり、国境封鎖のために家族と引き裂かれたり、仕事を休業せざるを得ない人々が続出した。

私もこれまでは滞在許可証も取得していなかったため、万が一日本へ一時帰国した場合は、再びオーストリアへ戻ることが許されない身分だった。

東京での仕事を控える者としては、家族と離れればなれになる可能性もあり、多忙により後回しにしていたＶＩＳＡ申請をようやく実行することになった。

２０１５年にドイツのメルケル首相が難民受け入れを宣言して以来、治安の悪化と失業率の上昇が危ぶまれるヨーロッパでは右傾化が著しく、こちらオーストリアもその例外ではないため滞在許可証を取得することが困難となっていた。

とりわけこの数年は中国から大量の観光客も押し寄せ、オーバーツーリズムの弊害で景勝地に自宅を構える人々の日常生活がままならなくなったこともあり、市民感情は外国人排斥に傾いていたことで、たとえ必要書類を揃えたところで、滞在許可がいただけるか否かは担当者次第、運次第のようなところもあった。

ＶＩＳA申請の予約日に、移民局の表で東欧からの移民らしき人々に連なって待っていたところ、受付の男性が仏頂面に金切り声でマスクの着用を促す姿を見て、震え上がりそうになった。ヨーロッパの官公庁では日本のような笑顔や気配りは望めない。冷たくあしらわれることも覚悟で入国管理官の部屋に入室すると、オレンジのＴシャツ姿でコーヒーカップを片手に持ったSさんが笑顔で迎えてくださった。配偶者ビザ取得の際には、２人が本当に婚姻関係にあるのかどうか根掘り葉掘り尋ねられるとか、これまでの経歴を事細かく説明しなくてはならないなどと脅かされていたにもかかわらず、書類はあっさりと受理された。更には、1年ごとに更新だと思っていたＶＩＳＡは、オーストリアにおけるドイツ人配偶者の特例にて5年後の更新で済むとのこと、居丈高に構える意地悪な公務員を想像していたことが申し訳なくなるくらい丁寧な対応だった。

かくして今後はシェンゲン協定の滞在期限や国境を恐れずに堂々とヨーロッパに滞在することが可能となったけれど、帰属意識は変わらず日本にある。

その一方で、異国で暮らしているからこそ、昨今の自国ファースト主義からは距離をおき、多様性を認め、異なる意見にも理解を示すことのできる人間でありたいとつくづく思うこの頃である。

ドイツ語

この半年ほど真面目にドイツ語学習に取り組んでいた。２０１６年より少しずつ学び始めてはいたものの、あまりの文法の複雑さに何度も挫折しそうになり、Berlitzのレッスンを多数購入したまま、多忙を言い訳に足が遠のいてしまったり、ロゼッタストーンのオンライン学習プログラムは、何度も開始しては途中で投げ出したりしていたため、いつまでも入門編で右往左往するばかりだった。ＮＨＫのドイツ語講座に至ってはKindle版のテキストを購入しただけで頁を開くことすらしていない次第で、ドイツ語学習を始めてから約3年間をダラダラと無駄に過ごして来たことになる。

それでも、1年のおよそ半分をドイツ語圏のオーストリアで過ごすに当たり、周囲の人々に余計な気を遣わせることなく会話をするには、どうしても言語の習得が必要となり、一念発起して、ドイツ政府公認のドイツ語学校ゲーテインスティテュートの門を叩き、基礎の基礎から学び直すことに決めたのだった。

Berlitzもロゼッタストーンも語学を感覚的に学ぶというメソッドで、いずれも全く話したことのない言語を声に出すという意味では大変優れた学習方法なのだけれど、学習過程で生じる「なぜ？」という疑問に対して明確な理由が提示されないとなかなか憶えることのできない私は、ドイツ語という複雑怪奇な言語を感覚的に学ぶことに限界を感じてしまったのだった。

東京のゲーテインスティテュートではネイティブの先生4人と日本人の先生に代わる代わる教えていただき、独学の際に何度もつまずいていた定冠詞や形容詞の格変化などについて丁寧に解説していただいたお陰で、ドイツ語の法則が少しずつ理解できるようになり、「なぜ？」という問いに対しても、理解できるまで何度でも辛抱強く説明していただき、不規則変化に関しては「これがドイツ語だから仕方がないんです。ごめんなさい」と謝られてしまい、腑に落ちないながら渋々頭にたたき込むということもあった。

さらに日本語の「がのにを」をそのままドイツ語に当てはめようとすると少々心地悪いことがあり、日本語では「○○に会う」と表現するけれど、ドイツ語では「○○を会う」とされていたり、「○○に電話をかける」も、「○○を電話をかける」であったりする。

また、日本語の「決定を下す」が、ドイツ語では「決定を会う」になることも気持ちが悪いのだけれど、「そういうものだから仕方がない」と諦めて、苦手な丸暗記に切り替える。

以前記憶術の本をいくつか読みあさった時に得た情報によると、左脳のみならず右脳も用いた方が効率的で、人間の右脳は色に反応するため、色つきの紙、とりわけピンク色の紙に青いインクで印字すると記憶力を助けること、そして記憶は関連付けであるがゆえに、言葉や表現あるいは長い文章を暗記する際に、例えば「Die Katze liegt auf dem Tisch.《猫が机の上に横たわっている》」であれば猫が机の上に横たわっている具体的な映像を思い浮かべて記憶することで、ただ言葉のみを暗記するよりも定着しやすいという。

日々増えて行く新しい単語は女性名詞、中性名詞、男性名詞をそれぞれポストイットの色で分類し、部屋中の物という物に「Die Blumenvase《花瓶》」「Das Gewürz《調味料》」、「Der Luftbefeuchter《加湿器》」と貼り付けた。

不可解な表現に遭遇してしまった際には、記憶の関連付けで何とか乗り切り、「ドイツ語は難し過ぎます」と先生に不平を述べてみたりする一方で、英語の「function《機能》」がcをkに変化させるだけでドイツ語の「Funktion」になったり、フランス語の「douche《シャワー》」がoを抜いてSを入れるだけでドイツ語の「Dusche」になったりと、新たに単語を記憶する手間が省けることも多々あり、心なしか気が楽になった。

コロナ禍により通学を控えざるを得なかったこの4ヶ月ほどは、Berlitzのオンライン授業に切り替え、会話中心の授業ながら「なぜ？　何？」を炸裂させ、レッスンごとの課題を終了できなくとも、何度でも質問を繰り返し、基礎を理解してから次のステップに進むようにしている。

あと少々で45歳になろうとしている脳は時折ストライキを起こして新たな言葉を受け付けないこともあるけれど、オーストリアに身を置く限り、ドイツ語との果てしない格闘はこの先も続く。

コロナ太り

　コロナ禍にてジム通いを長らく控えていたものの、食欲だけは旺盛だったもので、体重が4キロも増えてしまった。仕事中は1時間の休憩時間がいただけることも少なく、45分の休憩時間で食事と歯磨き、着替え、メイク替えなどをしなくてはならない上、脳を休めるべく15分〜20分ほどのパワーナップをすることにしているため、アボカドと納豆あるいはフムス、またはぬるめのスープなどで簡単に済ませる習慣がついており、無理してダイエットなどをしなくとも、体脂肪率を22％ほどでキープすることができていた。

　ところが、ロックダウンで家族以外の誰にも会えず、近所の散歩以外どこにも出かけられないストレスが食欲に向かい、軽いサラダだけなどというかわいらしい女性のような昼食では満足できず、羊のチーズたっぷりの全粒粉ピザを焼いたり、オリーブオイルを惜しげなく用いたパスタを作って貪るうちに、ウエストのくびれが消え、いつも穿いていたジーンズがお尻でつっかえるようになり、体重も体脂肪率もいつの間にか激増して階段の昇降や山歩きがきつくなった。

さらには9月に映画の撮影が控えているものの体重の増加が生来抱えている股関節の不具合にも影響を及ぼし、靴下を履いたり、靴紐を結ぶため屈む度に痛みが出るようになったため、このままではならぬと、テクノジムのクロストレーナーやエアロバイクなどを注文しようとしたところ、ロックダウンによりイタリアの工場は休業し、主にアジアで作られる部品の流通も滞った上、このような折に考えることは誰しも同じようで、世界中でインドア用のフィットネス器具が品薄となり、いずれも3ヶ月待ちだという。

4キロも太ると、本当に何をするにも全身が重く感じられて、日々の掃除で掃除機を持ち上げたり、草むしりをすることすら億劫になり、体脂肪率の減少と、痛みからの解放のためのリハビリを目的に、たまたま近所で見つけたプロのアスリートたちが集うパフォーマンスセンターでお世話になることになった。

世界中で活躍するハイパフォーマンスのアスリートたちが訪れるというからには、筋骨隆々の人々が100キロ以上もあるバーベルを持ち上げているような景色を想像しており、私のように「体脂肪率が26%を超えてしまったので、少々ダイエットを」とか、「股関節の痛みに耐えられずリハビリを」などという人間はいるはずがないだろうと思っていた。

トレーナー陣にしても、アスリートがオリンピックなどの世界大会で結果を出すことに喜びを感じているのだろうから、私のような素人にはさほど心を砕いていただけないものだろうと勝手に思っていた。

ところが、ザルツブルクの田舎の小さな街で看板すら掲げずに密かに居を構えるその場所に足を踏み入れてみると、ハードなトレーニングに励むアスリートなどひとりもおらず、むしろ誰もが日々酷使した心身を休め、身体のひとつひとつのパーツを丁寧に癒やすためのコンディショニングを最も大切にしているのだった。

歯を食いしばり、顔を真っ赤にして血圧を急上昇させながら重いウエイトを持ち上げ、鏡に映る隆起した筋肉を恍惚とした表情で見つめるのは主に素人で、プロは軽い負荷で素人でもできるようなシンプルな動きを繰り返し、筋肉や筋膜、そして靭帯のバランスを整え、全身の繋がりを感じ、使える身体にすることを第一としていることに気付かされた。

股関節の痛みに腸腰筋からアプローチしてくれた理学療法士のトーマスさんも、脂肪燃焼のために尽力してくれたトレーナーのゲオルグさんも、プロのアスリートたちが行っていたのと同じようなシンプルで、それでいてじんわりと汗が滲むような軽いエクササイズやストレッチの方法を丁寧に教えてくださった。

勝手な思い込みで脂肪燃焼のための有酸素運動は心拍数１２０以上が効果的だと思っていたけれど、運動時の乳酸値とVO2MAX《最大酸素摂取量》を測定した結果、コロナ禍で著しく低下した私の持久力では心拍数１１０で十分とのことだった。

プロのパフォーマンスレベルをも向上させる運動法は、驚くほどシンプルながら、たった6日間のセッションで着実に結果を出し始め、体脂肪は22％に減少し、痛みからも解放されつつあり、この先の人生においても、自分の脚で歩き続けることが叶うという希望を抱くことができたのだった。

ヴァレリー・ゲルギエフ

折からのコロナ禍により、世界を股にかけて活躍するオーケストラの公演も長らく鳴りを潜めていた。

生誕250周年を記念した公演が世界中で企画されていたにもかかわらず、軒並みキャンセルとなってしまったベートーヴェンの不遇を哀れんでいるのは決して私だけではないだろう。

篤志家の寄付により芸術振興が盛んであったアメリカにおいても、日々の公演が開催できなければ、莫大なランニングコストを維持することは叶わず、ニューヨークのメトロポリタン歌劇場管弦楽団のように恵まれた楽団員たちですら期限の見えない一時解雇となり、路頭に迷っているという。

夫が所属するウィーンフィルハーモニー管弦楽団もまた、中国や台湾、韓国などの大きなツアーが中止となり、日本公演も絶望視されていたものの、関係各所の慎重な調整により、絶対に感染者を出さないという強い意思の表明に対してスポーツ選手の特例が適用され、奇跡的な開催となった。

ツアーマネージメントを担当する夫のティロは渡航前の自主隔離を提案し、ウィーンのアンダーズ　ウィーン　アム　ベルヴェデーレホテルを貸し切って、楽団員たちを家族との接触から絶つよう導いた。

奇しくもその自主隔離中にウィーンの中心地でテロが起こり、街中が厳戒態勢となる中、息を潜めてホテルに籠もっていたという。

出発直前に発覚した感染者とその濃厚接触者は、直ちに差し替えられ、ＶＩＳＡの発給や航空券の名義変更などの煩雑な手続きも、ウィーンフィル専属の旅行代理店との折衝により、迅速になされた。

往復の航空機をチャーターし、他の旅行者と空間を共にしないよう、新幹線もホテルのフロアも貸し切り、チームドクターであるシュテルツ教授により、３日に一回のＰＣＲ検査などという特別な対策を取ることも怠らなかった。

滞在ホテルでは各フロアにトレーニングルームを仮設し、また楽団員の各部屋にヨガマットを配布することで、敷地内の散歩さえ許されない窮屈さをわずかでも解消することに努めた。

食事の提供にも細心の注意を払い、かねてより伊藤園や日産のＣＭでお世話になっていた宇川萌絵さんがステージマネージャーを含めて１００名以上になる楽団員のケータリングを手配してくださった。

ベジタリアンに乳製品アレルギー、卵アレルギー、ナッツアレルギー、甲殻類アレルギーに加えてグルテンフリーに糖質オフなど、様々な条件に合わせて数種類の提案をしてくださったことは、大変喜ばれた。

中でも焼き肉弁当や、お鮨、目の前で握ってくださるおにぎり、イタリアンなどが人気で、もう一度あのお店の食事が食べたいと、多くのリクエストがあった。

更には、各フロアにコンビニエンスストアを仮設し、軽食や飲料、フルーツなどを用意することで、鬱屈したストレスを食で紛らわすように導き、楽団員からの買い物依頼にも外部のスタッフが遠隔で応じた。

全ては自由と個人の尊厳を重んじるヨーロッパ人がバブルを破ることなく、感染者を一人も出すことなくツアーを敢行するためだった。

しかし、それらが叶ったのも、スポンサーや各所の協力があってのこと。世界三大オーケストラのひとつに数えられるウィーンフィルだからこそ辛うじて実現可能であったものの、現状の規制の中で、一連の行程を世界中のオーケストラが踏襲することは残念ながら想像ができない。

それでも、生の音楽に触れることを渇望していたと思われる聴衆で公演は大盛況で、重症化のハイリスク群であるご高齢の方々も多く見られた。

さて、現在世界で最も多忙な指揮者のひとりであるヴァレリー・ゲルギエフ氏の巧みな魔術師のごとき圧巻の指揮は、すでに自身の力や存在を証明する必要もなく、聴衆や批評家からの賞賛を集めることにも執着しない気高さとゆとりを携えていた。

プロコフィエフの「ピアノ協奏曲第二番」やチェロ協奏曲ではソリストのデニス・マツーエフ氏に、チャイコフスキーの「ロココ風の主題による変奏曲　イ長調　作品33」ではチェロの堤剛氏に聴衆の注目が集まるように、ひっそりと存在感を消しても、ゲルギエフ氏の求心力こそがなし得た演奏であることは一目瞭然で、聴衆がさらなる拍手を氏に贈ろうとするも、控えめな態度でそれを受け、そそくさとステージを去って行く姿のなんと美しいこと。

柔らかな素材のテイラーメイドのマオカラージャケットをまとい、爪楊枝のように極小の指揮棒で奏でられたドビュッシーの交響詩「海」では、楽団と共に満場が大海原に漕ぎ出した。マエストロの視線が、指先の微細な動きが、全身が、オーケストラにエネルギーを与え、右から左へ、前方から後方へ、あるいはまた縦横無尽に音を飛び交わせ、さざ波も荒波も、晴天も悪天候も、海面のきらめきも、絵画のように浮かび上がらせた。

若くして命を落とさざるを得なかったチャイコフスキーの最後の交響曲「悲愴」では、楽章間に聴衆が息つく間を与えることなく最後まで緊張感を保ち、演奏終了後も観客のはやる気持ちを制して静寂を保ち、新型コロナウイルスと、ウィーンでのテロの犠牲者への哀悼の意を表した。

曲の終盤で最後の一音が鳴った瞬間に、楽譜を熟読している聴衆が誰にも先駆けて、時には指揮者が指揮棒を降ろす前に拍手を始め、音の余韻も静寂も台無しにしてしまうことがあるけれど、ゲルギエフ氏はそうした向きを見事に制止し、コンサートホールの空気を静寂で埋め尽くすことに長けている。

リヒャルト・シュトラウスの交響詩「英雄の生涯」は、作曲家が自身の人生を讃えたかのようなナルシシスティックなテーマであるとしても、壮大なオーケストレーションに感嘆のため息を漏らさずにはいられない。

ストラヴィンスキーの「火の鳥」に至っては、たたみかけるかのように演奏したかと思えば、休止符の存在しない箇所で休止符をたっぷりと取る予想のつかないタイミングからは、まるでコンサートホールが真空になるような感覚を覚え、息を呑む瞬間の連続に失神しそうになった。

あの日、あの場所で、あの指揮者によって、あのオーケストラのあのメンバーにて二度と訪れないあの瞬間に放たれたあの響きを、あのリズムを、あの余韻を大切に記憶に留めておこうと思う。

A mask can say a lot

クリスマスを目前に控えて、ドイツは新型コロナウイルスに対する警戒を強め、一段と厳しいロックダウンに踏み切った。

現在暮らしているオーストリアでは全ての店舗にて人数制限があり、レストランはテイクアウトのみ、美術館は開館しているものの、コンサートやオペラなどの文化イベントは無観客で配信や中継のみの開催となり、ドイツほどではないもののやはり制限がかかり、恒例のクリスマス商戦が落ち着けば、食料品店以外の店舗は早晩閉鎖となるのではないかと囁かれている。

オーストリアとの往復生活が始まって以来クリスマスの時期を初めてこちらで過ごすことになり、当初の予定ではベルリンの義父母のもとを訪れるはずだったのに、残念ながらそれも叶わなくなり、義父母は誰も訪れることのない2人だけの寂しいクリスマスを嘆いている。

国境封鎖を開始した3月以来、ＥＵ加盟国のなかでも、人と物とお金の自由な往来が約束されている本来のＥＵのあるべき姿にもとるのではないかと逡巡する向きがあり、多くの加盟国では2週間の隔離さえすれば国境を越えることができるようになっている。

中国での感染拡大に3ヶ月ほど遅れて欧州がコロナ禍に右往左往し、イタリアやフランスでの状況が日増しに悪化する一方で、お隣の優等生ドイツに倣って国境を早々に閉鎖したオーストリアでは、感染者数を最小限に留めることに成功し、ヨーロッパで3番目の規模を誇るウィーン州立病院（ＡＫＨ）でも、次々と患者は運び込まれるものの、医療崩壊には至らないと言われていた。

ところが、夏のバカンスシーズンに国境封鎖が解除された途端、自粛疲れでスペインやクロアチアに繰り出した若者たちが、ビーチで毎晩パーティーを繰り返した挙げ句、無症状ながら爆発的に感染を広げ、国境を越えて自国にウイルスを持ち帰ったそうで、今やオーストリアはヨーロッパで最も感染率が高い国のひとつと言われるほどになってしまった。

遊びたい盛りの若者たちに「ハイリスク群のお年寄りを守るため」と言ったところで、目には見えないウイルスのためにソーシャルディスタンスを保ち、おとなしくしていることなど無理であろうし、ましてや停滞した経済を少しでも回復させるために人の往来を許可すれば喜び勇んで出かけるのが人間の性であろう。

顔を覆い、表情が見えなくなることを極端に嫌い、是非はともかくとして「ブルカ禁止法」まで存在するオーストリアにおいては、マスクの着用を未だに嫌がる人も多い。

マスクで誰かの命を守り、自らをも多少は守ることができるならば、お安い御用ではないかと思うのだけれど、それは私が日本人であり、マスク姿の人に会うことも自分がマスクを着用することにも抵抗がないからで、オーストリアにおいては良識のあるマスク着用組でも、スーパーで支払いを終えるなり、出口までのストロークでマスクを外す人々のなんと多いこと。

「インフルエンザと比較して死者数が少ない」とか、「ワクチンの有効性や安全性が定かでない中、集団免疫を獲得するにはマスクはむしろ有害である」などといった主張をもとに、マスク着用反対デモが度々起こり、あえて人前でマスクをしない抵抗活動をする人も決して少なくはない。

お陰でマスク着用推進派と、マスク不要論推進派の間には、とても深い分断が生まれ、これまで親しかった人々と本音で会話をすることができなくなってしまった。

ウィーンのアパートのお隣さんは、引退した麻酔科医の美しいご婦人で、「マスクなんてしなくても大丈夫よ、死にはしないから」と、もうすぐ80歳を迎えるにもかかわらず、いつもポジティブ思考でイージーゴーイング、レストランの営業がまだ許されていた折にはパーティー三昧を楽しんでいらしたチャーミングな方なのだけれど、階下で暮らす50代の産婦人科医が夫婦でコロナウイルスに感染し、２人揃ってＩＣＵ搬送の手前まで症状が悪化して以来、極端な楽観思考を改め、エレベーターではマスクを着用するようになってくれた。

　全てはＣＮＮが繰り返し自社広告で述べてきた言葉に集約される。

「A mask can say a lot about the person who wears it. But even more about person who doesn't.」

小説幻冬

『小説幻冬』が50回の節目を迎えたとのこと、なんとおめでたいことであろうか。

　したがって創刊号から執筆陣の末席に加えていただいた私のこの連載も50回ということになり、前身の『パピルス』での連載から数えると、すでに16年にわたりお世話になっていることに驚かされる。

『嫌われ松子の一生』を撮影していた調布の日活撮影所の食堂に、『パピルス』の創刊号だったか、0号だったかを携えて連載企画を持ち込んでくださった当時の編集長、日野さんはすでに幻冬舎にはいらっしゃらず、日活の食堂の名物だったナスとひき肉のカレーもいつの間にか姿を消してしまった。

　連載開始早々に締め切りを守れず「幻冬舎にとって締め切りとは絶対に死守すべき約束事です」と叱ってくださった編集担当の大道さんも10年以上前にご退職なさった。

　そして4年ほど前には『パピルス』が休刊となり、こちらの『小説幻冬』へのお引っ越しをご提案いただけたことはありがたいことだった。恥ずかしながら「絶対に死守すべき約束事」をいつになってもなかなか守れず、現在の担当編集者の君和田麻子さんには大変なご心労とご迷惑をかけ続けている。

　恐らく締め切りを守れない私には、長針を10分ほど進めた目覚まし時計のように、早めの締め切りが言い渡されていると推察され、その早めの締め切りならば、「少々締め切りに遅れてしまっても印刷までには間に合うだろう」という姑息で甘えた考えから、結局いつも書きたいと思えることが天から降って来るまで何もせずにいる。

『小説幻冬』の編集長も長濱さんが新たに就任なさったとのこと、締め切り問題を苦慮する編集部の皆様の間で、私のリストラ計画が話し合われたか否かは定かでないものの、50回を迎えた今もこうして連載終了の宣告をされることなく、駄文を連ねているからには、なんとか首の皮一枚で繋がっているといったところだろうか。

　書きたいことが泉のようにあふれ出て、筆を進める手や、キーボードを入力する手が追いつかないというような天才肌に憧れるけれど、残念ながらそのようなことはなく、こればかりは持って生まれた気まぐれ気質にて、いつ何を書きたくなるかは風まかせなのである。

　誰もが情報を発信できる時代になった今もなお、こうして紙に印刷した文芸誌が存在し、その末席にて私のような素人が書かせていただけるなんて奇跡に等しく、そのありがたみを忘れてはいけないと思っている。

校正という名の添削システムにより、誤字脱字や日本語の誤用を正していただけることも、連載を続けることの醍醐味で、「ひと段落」が「一段落《いちだんらく》」の読み誤りであることも、恥ずかしながら前身の『パピルス』時代にご教示いただいたことだった。

現在の日本とオーストリアを往復する生活では、必然的に荷物を減らさざるを得ず、書籍も一部の入手困難な写真集や画集などを除くと電子書籍で済ませてしまっているものの、かつて『インド旅行記』を書いた折のインド周遊中には、電子書籍などまだ存在しておらず、聖書のように分厚かったロンリープラネットのインド編に加えて、インドにまつわる書籍をいくつも持参し、荷物の重量の大半を書籍が占めていたことが懐かしい。

読書離れが叫ばれて久しく、根拠のないフェイクニュースがはびこる現状を憂えても、変わりゆく世相を食い止めることなど誰もできないだろう。その傍らで、ロックダウンとテレワークにより再び読書に時間を割く人々が増加傾向にあることを一縷の望みとして、今日も私はこの原稿を書き、ワンクリックでKindleのライブラリーに新たな書籍を追加する。

書くことでしか整理しきれない心のモヤモヤを吐き出し、人様の目にさらす人間と、読書でしか得られないものを求めて頁をめくる読者との需要と供給の均衡がこの先どれほど保たれるのか確証はない。それでも、人々をまだ見ぬ世界へ誘い、好奇心を刺激し、香りや体温や心臓の鼓動までも感じさせ、心を養う読書体験が失われるようなことがないことを切に願っている。

誤解を恐れずに述べるならば、誰も文芸誌など読まなくなったこの時代において、新たな作家に書く機会を与え、短期的な利益ではなく、長期的な育成の精神をもってこの『小説幻冬』を続けていらっしゃる編集部の皆様の懐の大きさに賛辞を送り、心からの謝意を示したい。

オーストリア滞在記

約6年ぶりに書籍を出版させていただくことになった。

誰もがはばかることなく情報を発信できる時代となり、わざわざ紙に印刷などしなくとも、言葉をしたためることは可能な現代において、本を上梓するなどという贅沢なことを未だにさせていただけるとは、何とありがたいことだろう。

当初は『小説幻冬』の発行元である幻冬舎の担当編集の君和田麻子さんより、「語学学習者に向けてドイツ語学習の過程を書いてみてはいかがだろうか」というご依頼をいただいていた。

旅先に携えてお読みいただいたあとは、「宿泊先に忘れたフリをして寄贈するなり、廃棄するなりお気兼ねなく」という気持ちをこめて文庫サイズにて出版させていただいた「インド旅行記」シリーズ同様、この度も文庫本でとのことだったけれど、万が一書店で売れ残った際に返本されてしまうリスクを考えたら電子書籍だけでもよいのではなかろうかと思いつつも、幸運なお申し出に乗じて久々に日記を綴ってみた。

コロナ禍による前代未聞のロックダウンなど誰も予想していなかった頃にいただいた企画を遂行するべく、ウィーンの語学学校に通うつもりでいたものの、イタリアのヴェネツィアを皮切りに、ヨーロッパでも次々とロックダウンが始まり、ドイツに続いて早々に国境を封鎖したオーストリアはザルツブルクにて巣ごもりを余儀なくされてしまい、危うく「ロックダウン愚痴日記」になりそうだった。

そもそも語学学習については、初級で右往左往している私などより適任の方がいくらでもいらっしゃるはずで、今日日語学を学習しようと思ったら、最短で効率よく学ぶことのできる方法を解説してくれる親切なウェブサイトや動画がいくらでもある。しかも、想定外のロックダウンにて学校に通うこともままならず、身動きできずにじっと息を潜めて未知のウイルスがもたらす脅威に怯えるばかりで、おいそれと本を書こうなどという思考にはとてもなれなかった。

周辺国から流れて来るニュースがあまりにも凄惨で、何もする気が起こらず、ソファーに寝転がって読書をしたり、インターネットサーフィンにかまけた挙げ句、夫にうながされて渋々重い腰を上げ、まだ雪の残る裏山を歩く日々だった。

2週間ほどはそのように無為に過ごし、就寝時間が訪れるのをただ待つだけの日々が続いたけれど、生産的なことを何もしていないことに退屈してしまい、いよいよドイツ語のオンラインレッスンを開始すると、ドイツやオランダ、イスラエルなどと、様々な国で暮らす多様な講師陣と会話をすることで、精彩を欠いていた日常がわずかに動き出した。

　私たち日本人が想像するような欧米人のイメージを覆すかのように公共心に溢れ、時間に正確、そして衛生観念の高いオーストリアの人々は第一波の感染抑制に成功し、少しずつ小規模の小売店の営業再開が許可され始めると、諦めかけていた書籍の執筆にも取りかかろうという気になった。

　自由をこよなく愛する者にとって、どこにも出かけることのできないもどかしさは耐え難きものであるはずなのに、どこか不自由であることを楽しんでいる自分がいた。

　正直なところ、常にプレッシャーにさらされる仕事から解放されて、苦手な家事に勤しみ、庭造りをしたり、野山を散策したり、太ることもお構いなしにバターたっぷりのクッキーを焼いてみたりという日常は、思いのほか愛おしいものだった。

　おびただしい数の人が亡くなり、世界中で著しい分断が起こり、経済賦活のために各国が供給した貨幣により株価は青天井で上がる一方で、日々の糧に困窮する人々が絶えない現状に心を痛めつつも、世の中に溢れる暗いニュースに引きずられないよう、朝から晩まで忙しく過ごした約3ヶ月を書き留めたものは、当初の語学学習者に向けてという目的からは少々離れてしまったけれど、『オーストリア滞在記』として製本されたのだった。

淡水魚

ザルツブルクの山中では庭の残雪が溶け始め、雪間に現れた草叢《くさむら》からは黄色い花が覗いている。

冬の間息を潜めていた一対の黒リスは木々の間を忙しなく駆け巡り、クロウタドリも虫をついばむべく、草の上をウロウロしている。

野山の自然が春の訪れを告げるのと同時に、我々人間も活動的になり、私も2月に入ってから散歩の距離を徐々に延ばしている。

裏山の散策に加えて、湖水地方ならではの醍醐味である湖畔をぐるりと一周するツアーが心地よく、先日はLEKIのストックを携えて、南国のようなターコイズブルーのフシュル湖外周をノルディックウォークにて進むこと約3時間。

ゆるやかな勾配を登っては降り、時折平坦な道で木の根につまずきつつも、ストックでバランスを取りながら歩くと、全身にじわりと汗が滲み始め、Mammutのダウンジャケットを脱いでメリノウールのTシャツ一枚でも寒さを感じることはなかった。

駐車場からフシュルの街まで約1時間30分かけて辿り着き、持参したポットのお茶で休憩をすると、まだ日の高いうちにあと半分の道程を急ぐ。

夏場は湖水浴とサップボードなどで賑わうこの湖もまだ人出はさほどなく、息の上がったランナーが2～3人と、ノルディックウォーキングをする老夫婦2組ほどに遭遇しただけだった。

駐車場へ戻る手前、湖に面した瀟洒な邸宅を通り過ぎた頃に、かねてより耳にしていたスモークフィッシュのお店「Schloss Fischerei Fuschl」を見つけることができた。

こちらでは、飲用可能なほど澄んだ水を誇るフシュル湖で水揚げされるイワナやマスを軽い燻製にしており、湖を望むカジュアルなレストランにて北欧風のディル・マスタードソースや、西洋わさびでいただくことが可能だそうで、ロックダウン中の現在は、スモークフィッシュサンドのテイクアウトのみとなっていた。

そして、私の目当ては何よりも新鮮な魚の切り身で、目の前のフシュル湖で釣られた天然の鮮魚を中間業者の介入なしに産地で直接購入できるとは、なんとありがたいことだろう。

残念ながらフシュル湖ではまだ漁が解禁になっておらず、ビオの養殖ではあったものの、まるでお刺身のようなクオリティーのマスのマリネ、そしてイワナとマスの燻製を譲っていただき、早速自宅にていただいた。

塩気も燻製の度合いも優しく程よいそれらは、何もつけずにそのままで十分おいしい上、西洋わさびと合わせても、ディル・マスタードソースと合わせても、オリーブオイルとフレッシュなディルを添えても大変においしかった。

第一次世界大戦にてイタリアに海を奪われたオーストリアでは、これまで新鮮な魚介類を入手することがとても困難だった。ボンゴレパスタやアサリのお味噌汁を作りたくても、ザルツブルクではアサリを販売しているお店はなく、ウィーンの市場ナッシュマークトでは、ハーンムシェルと呼ばれるアサリによく似た貝が1キロで24€、本物のアサリに至っては49€と大変高額で、ボンゴレも、アサリのお味噌汁も我が家では贅沢品である。

スーパーで入手できる魚介類といえば、ビオの鮭にヨーロッパへダイくらいのもので、時折それにイワナが加わる程度だったので、魚介類を食べたくなれば、ザルツブルク郊外の鮮魚店Grüllまで車で片道45分以上、夏の渋滞時には往復2時間近くかけて買い出しに出かけていた。

ところが、コロナ禍においてレストランの営業が禁じられて以来、消費者のニーズを敏感に嗅ぎ取ったスーパーマーケットが地産地消に積極的に取り組むようになり、その日に水揚げされたばかりだという湖の魚を目にすることも多くなった。

特に手を加えずとも、ゲランドの塩だけで皮目はパリッと、中身はふわっと柔らかく焼いた鮮魚は思いのほかおいしくて、このところ毎日のように淡水魚を食していたのだけれど、これよりわずか30分ほど車を走らせれば、フシュル湖のおいしい鮮魚と絶妙な塩梅のスモークフィッシュにありつくことができるのだと知り、日々の暮らしを営むことが楽になった。

『オーストリア滞在記』の出版に際し、日本に帰った際には、毎晩のように太刀魚《たちうお》やサワラを焼いて大根おろしとすだちを添えて食したものだけれど、湖の魚とてなかなか乙なものである。

ブロンドの女スパイ

その家は、3年ほど前に突如として姿を現した。

標高600メートルに位置するザルツブルク郊外の小さな村では、家屋の建築に際して近隣住民の賛成と、役所の許可が必要なため、私の暮らす家の目の前は緑深き森が保たれていた。

しかし、村長の口利きにより、本来は誰も家を建ててはならないはずだったその土地は地目を変更して切り拓かれ、3軒の家が建った。

2軒は東欧の建設会社のオーナーが自身の家族のためと偽って役所に申請をしたものの、落成早々に値上がり益を狙って売りに出されたもので、古参の住人たちから非難の対象となった。

そして、もう一軒、アルプスの峰を見渡す突端に、困難な基礎工事を施して建てられたのが、ブロンドヘアの大変美しい女性と、一卵性双生児が暮らす家である。

針葉樹の森が切り拓かれ、勾配を削って平らな土地が露わになった頃から、こんな崖っ縁に無理矢理家を建てるなんて、どのような御仁だろうかと訝しく思っていたところ、黄色の直方体に四角錐の屋根が載った家屋が1ヶ月ほどで建てられた。

この地方の伝統的な家の一部では、シェーンブルン宮殿に代表される黄色の外壁を愛したマリア・テレジアの趣味に倣って外壁を黄色の塗料で仕上げることが多く、同じ田舎家でも国境を接するイタリアやドイツのシンプルな白壁や木製の外壁を好む私には受け入れがたい趣味だった。

工事中から「どうか美しい家が建ちますように」と、毎日視界に入る家が小さな山村に相応しい景観を保ってくれることを祈っていたものの、残念ながらその願いは届くことなく、伝統的な黄色より明るいレモンイエローの外壁が私の独善的な嗜好を嘲笑うかのように表出したのだった。

せめて美しい植栽で周囲を囲ってくれたならどれほど心安らぐことだろうと思うのだけれど、突貫工事にて建てられた家の主が庭を丹精する気配はなく、ドイツ車のＳＵＶが２台駐められているのみだった。

そしてその車も半年ほどで一台のみとなり、この地方に似つかわしくない厚化粧にボディコンシャスな洋服を纏う女性と、必ず平等に同じ服を身に着けた小学校高学年の男児２人が時折散歩に出かける以外、仕事に出かける様子も、勉学のために登校する風情もなく、日中はほぼすべてのシャッターが下ろされ、まるで息を潜めて暮らしているかのようだった。

不思議なことに夕食時などはその家に照明が点る気配はなく、私が就寝しようと蠟燭や部屋の灯りを消して回る頃、真っ暗だった彼方の黄色い家に灯りが点り、たまたま目覚めの早い朝に確認をすると、あちらはまだ煌々と明るいということの繰り返しで、夜中にすべき仕事があるのか、何か隠蔽すべき事情があるのかと、無用な詮索は止まらない。

「彼らの入居当初にいたはずの初老の男性は殺されたのだろうか」とか、「実はあの男性がどこかの国のエージェントで、この界隈《かいわい》を拠点に諜報活動をしていたのに、不要になって消されたのではないか」などと、ヒッチコックの『裏窓』の主人公のごとく名も知らぬ近隣住民の動向が気になってしかたがない。

オーストリアは、西側諸国と東側諸国の中間に位置する永世中立国であり、とりわけウィーンにはＩＡＥＡやＯＰＥＣに加えて欧州安全保障協力機構などの事務局が設立されていることもあり、スパイ活動が盛んな国であると言われているのだ。

ブロンドヘアにボディコンシャスと言えば、男性の人口が女性の人口と比較して少なく、数少ない男性を巡ってセクシーな装いで競うというロシア系の女性を想像してしまい、彼女がロシア人である確たる証拠もないにもかかわらず、彼女こそが有能な女スパイなのかも知れないと勘繰ってみたりもする。

ある時、旧市街の小さなお城の中のレストランで食事をしていたところ、彼女が二人の子供たち抜きで、近所では見かけぬ男性と食事をしている姿に出くわしたことがあり、なにやら囁き声で親密な会話をしていたことから、益々謎は深まるばかりだった。

東西ドイツ分断時代について描かれたフロリアン・ヘンケル・フォン・ドナースマルク監督の『善き人のためのソナタ』にて、東ドイツの秘密警察が西側の自由な思想を秘めている作家と女優の日常を盗聴し、いつしか観察対象に肩入れする様にはついつい感情移入してしまう。

少し前の週末には、見知らぬ男性が午前10時丁度を待つかのように件の黄色い家の前を携帯電話で話しながらうろついた。さてはロシアのエージェント界のボスではなかろうかと思いきや、10時を少し過ぎた頃に、車でやってきた40代とおぼしき男女と共に、笑顔で家の中へ入って行った。

彼らの滞在時間は約1時間ほど。どうやら黄色い家は売りに出されたようで、訪問者は即決でこの場所での暮らしを選んだらしく、コロナ禍の格好の娯楽であった私の美しき観察対象は、最後までこの地域の素朴な人々に心開くことなく、ロシアのエージェントであるかどうかも知れぬまま、この世界のどこかへと旅立って行くのだった。

メッツェ

こちらオーストリアでは順次ワクチンの接種が行われているものの、南アフリカからの変異株が猛威を振るっており、収束の兆しはまだ見えていない。

飲食店は時間短縮どころか店内での飲食も禁じられているため、テイクアウトで辛うじて糊口《ここう》を凌ぐレストランが多く、日本と同様に多くの学生や女性が仕事を失った。

豊富な観光資源を頼りに生活していた移民のタクシー運転手たちも、表現の場を奪われたアーティストたちも国からの支援を受けつつも山積する赤字に喘いでいる。

救いは医療費も学費もほぼ無料で、外国人にすらわずかな学費で勉学に勤しむ道が開かれていることで、大学生たちが学費のローンを返済するために夜の街で働く必要などないことであろうか。

思えばこちらで最後にレストランでの食事を楽しんだのは昨年の7月だった。

映画『総理の夫』撮影のため帰国を控えた前夜にレストランの中庭でテーブルを囲んで以来、再びこちらに戻って来た際には、多くのお店が営業を休止し、わずかに残されたお店でテイクアウトができるのみとなっていた。

　自分ひとりだけの食事なら、肉類と野菜を煮込んだスープや、お魚を焼いて大根おろしを添えるだけ、あるいは鴨せいろなど、簡単な一品料理で済ませることも厭わないけれど、共に暮らす家族との食事の時間を充実させるために、買い物に出かけ、献立を考え、料理をすることは、毎日続くと億劫にもなるもので、時折レストランのテイクアウトやお惣菜屋さんの力を拝借するようになった。

　つい最近ウィーンで散歩の道すがら見つけた「HANS　REH」はシリア人オーナーが営む良質なツナやオイルサーディンの缶詰を扱うお店で、唯一の従業員であるヴァシンさんが中東料理メッツェを手作りしてドイツWECK社のガラスキャニスターに詰めて販売している。

　地中海に面したシリアのオリーブオイルとヘンプオイル、麻の実などを惜しげ無く使用し、すべてオーガニックの素材で作られるメッツェは、ひよこ豆とごまをペーストにした「フムス」、ナスのペーストである「ババガヌーシュ」、「ムハンマラ」というパプリカとクルミのペースト、パセリのサラダ「タブーレ」に豆のサラダ「バレラ」など。

　いずれもハーブの香りが食欲をそそり、絶妙の塩梅の味付けは、日本人好みのあっさり味で、病みつきになった。

　その日はフォルクス劇場近くの道をたまたま通りかかり、ふらりと立ち寄って興味本位で購入したものの、自宅にてイタリアのサルデーニャ島名物の極薄でパリパリのパーネ・カラサウに添えて食べ始めると、瞬く間に5つの容器が空になってしまい、同日の夕方に洗ったガラスキャニスターを携えて再び同じ品を購入しに行ったほどだった。

返却すると3€のキャッシュバックを受けられる昔ながらのゴムパッキンを挟んだ密閉容器では1週間以上日持ちがするそうで、ウィーンでの昼食はもとより、周囲にレストランやお惣菜屋さんのないザルツブルクの山での暮らしには大変重宝している。

2015年にドイツのメルケル首相がシリアからの難民に対して大きく門戸を開いた際にトルコ経由でやって来たというヴァシンさんは、レバノン人の父親とシリア人の母親のもとシリアに生まれ、文筆家であった父をシリアに残して母と妹と共に新たな地オーストリアでの暮らしを始めたという。

当初は、ボランティアで様々な人々に料理を振る舞う傍らドイツ語を習得し、観光業の専門学校に学んだ上、アメリカのオンラインカレッジにて料理の腕を更に磨いたらしい。

故郷シリアの伝手により「HANS　REH」にてメッツェのポップアップストアを開催することが許され、期間限定のはずが好評によりお店の定番商品として振る舞うことが叶ったという彼の繊細な料理は、ベジタリアンやオーガニック嗜好の若者のみならず、近隣の高齢者たちにも愛されている。

難民として入国してもなかなか言語の習得が進まず、社会へ馴染めずに疎外感を覚え、生活苦から犯罪に走ってしまう人々もいるという。しかし、ヴァシンさんは積極的に言語を学習し、見返りを求めずボランティアで人々に貢献するうちに努力が実を結び、自ら得意とする料理を仕事にすることになったという成功例である。

悲しいことにシリアに一人残った父親は、多くの仲間を支援する活動中に新型コロナウイルスに感染し、はかなくも命を落としてしまったとのことだった。

帰る場所のない彼が新天地にて安定した暮らしを営むことができることを願って、微力ながらこれからも彼のメッツェを購入し続けようと思う。

冷蔵庫購入譚

我が家に新しい冷蔵庫がやって来た。それは、この5年間ずっと切望していたものだった。

これまで用いていたものは、夫が機能性を全く無視して見た目の好みだけで求めたというイタリア製のSMEGで、最低限のベーシックな機能のみを携えたそれは、チルド室などなければ、製氷機能などもってのほかだった。

何を隠そう出逢って以来、私達の間で度々口論の原因となったのが、このSMEGだった。谷崎潤一郎が「陰翳礼讃」にて描写したような引き算の美学を愛する私でも、イームズの椅子や、プラットナーチェアにカスティリアーニ兄弟のARCOランプのようなミッドセンチュリーのデザインにエドラやリヴィング・ディヴァーニ、E15といった現代家具を混在させたウィーンのアパートを少しずつ好きになりつつあったし、古い木材を用いて夫が自ら普請したザルツブルクのアルペンシック風の素朴な家も心地よいと感じていた。

しかし、ことSMEGの冷蔵庫に関しては、ライトグリーンの色（夫はベージュを注文したものの、何かの誤りでこの色になってしまったらしい）も気に入らなければ、日本からの食材を保存するには容量も少ない上、パッキンの作りが甘く、閉めたつもりの扉がいつも開けっぱなしでピーピーと警鐘を鳴らすことにも辟易していた。

イタリアの人々に備わった高い美意識や、歴史が刻まれた古代ローマ時代の遺跡には憧憬を覚えるものの、テクノロジーや生産性については懐疑の念を隠すつもりは全くない。

幼少の頃より一貫して環境保全を躾けられてきた夫にとって、冷蔵庫の開けっぱなし問題は甚大な懸念事項で、「冷蔵庫の中の物がダメになってしまうし、エネルギーの浪費になると何度言ったらわかってくれるの？」と常々おかんむりだった。

こちらとて世界に誇る日本の技術で製造された機能的な冷蔵庫に甘やかされてきたため、軽くドアを閉めれば確認などしなくともいいことに慣れており、イタリア製の見かけ倒しのポンコツを手なずけるのは容易でなく、「日本には『用の美』という言葉があって、機能的な日常使いの道具こそが美しいという考え方なの。見た目だけで装飾的なSMEGなんて選ぶからこんなことになっているのではないでしょうか。日本製やドイツ製の冷蔵庫ならこんな風にピーピー言わずにしっかりと閉まるはず」といった具合に応戦するばかり。

とは言え、つまらぬことで諍いを繰り返すのも疲れるわけで、近頃では不満を飲み込んで、プラスチックの引き出しが壊れる度にテープで補強し、自動霜取り機能も虚しく肥大する霜を半年に一度ほど処理していたのだった。

ところが、田舎暮らしに加えてこのコロナ禍ゆえに、買い物の回数を減らそうとすると、どうしても容量が足りず、室温で保存していた野菜や果物が瞬く間に傷んでしまう。そのような折に、内装の一体感を保つために冷蔵庫を古材で囲いたくなった夫が都合良く「君の言う通りドイツ製のビルトイン冷蔵庫の方がいいかもしれないね」と言い出した。

真っ向から闘わず、時が訪れるのを虎視眈々と狙っていたところ、夫が自ら提案してくれたものだから「しめたもの！」とばかりにミーレやリープヘル、ボッシュ、シーメンスなど様々な会社の商品をドイツ政府公認の批評雑誌『TEST』とにらめっこしつつ慎重に吟味して、ようやく納得したのがガゲナウ社の機能的かつ美しい冷蔵庫だった。

自動霜取り機能はもちろんのこと、野菜室や生鮮食品用のチルド室もあり、今まで2〜3日で変色してしまっていた肉類が長持ちする。日本では当たり前となったこうした技術も、環境意識が高く、安易に物を買い換える習慣のないヨーロッパ（iPhone 4を未だに用いている人のなんと多いこと！）ではまだ目新しい。さらにはお蕎麦を茹でる際に大変助かる水道直結式の自動製氷機能を内蔵している上、食品を照らす間接照明はまるでギャラリーのよう。

安物買いの銭失いにだけはなるまいと、清水の舞台から飛び降りる覚悟で購入したそれは、とても静かであるばかりか、少し触れただけで扉がしっかりと閉まる優秀な代物で、クレーンに吊られてやって来た際にはあまりの嬉しさに何度も扉を開けては顔をうずめていたものだから、「新しい靴を購入してもしばらく箱に入れっぱなしで見向きもしないのに、冷蔵庫ではそんなに歓喜するなんて」と、夫に呆れられてしまった。

誰にも理解されなくても構わない。長い葛藤の果てにようやく手に入れた、頬ずりしたくなるほど美しき冷蔵庫を、耐久性が担保される限り大切に使い続けようと思っている。

そしてなんと、申し合わせたかのように時を同じくして、ベルリンの義姉が長年使用していた冷蔵庫が不調となった。偶然にも彼女が手ずからライトグリーンのペンキを塗ったばかりだという60's の食器棚にふさわしい SMEG のポンコツは、不便さなど全く厭わず、やはり美しいものを愛する義姉のキッチンに婿入り（ドイツ語で冷蔵庫は男性名詞なので）することになり、目下 B to C のマッチングサイトにて運送業者を物色中なのであった。

帰国鬱

雨の日は大地が潤い、緑が瑞々しく輝くと喜び、曇りの日は顔に影が差さないためカメラ写りが良くなると悦に入り、嵐の日は誰にはばかることなく読書をしつつ惰眠を貪ることができるといった具合に、何事も前向きに捉えてきたため、１年以上続くこのコロナ禍においても、鬱などとは無縁だと思っていた。

ところが、この度の帰国時にはオリンピックを目前に控えた日本への入国が著しく困難となったため、欧州の出発時からつまずいてしまい、すっかり面食らってしまった。

iPhoneに①健康状態及び入国経路の報告用、②位置情報確認用、③ビデオ通話用、④接触確認用と、政府指定のアプリを４つもダウンロードした上、質問票にも事前回答し、ＰＣＲ検査の陰性証明を持参して、万全の態勢でウィーンを出発したはずだった。

巨大過ぎてゲート間の移動に時間がかかり、乗り継ぎ便を何度か逃した苦い経験により、常に警戒していたフランクフルト空港では、駆け足気味にゲートを移動してＥＵ圏からの出国手続きを急ぐと、思いのほかスムーズに事が進み、あとは羽田行きのＡＮＡ機内に乗り込むだけだった。

ところが、搭乗に際して事前の書類チェックとのことで、ウィーンの検査所から発行された英語の陰性証明を意気揚々と提出すると、「申し訳ございませんが、お客様の書類の形式では日本への入国が認められないため、私共といたしましては、ご搭乗をご遠慮いただかなくてはなりません」とおっしゃるではないか。

どうやら日本では、ＰＣＲ検査というだけでは不十分で、「鼻咽頭ぬぐい液」もしくは「唾液」のみが認められており、ＥＵ圏内にて公式に認められている「咽頭ぬぐい液」での検査法では日本への入国が許されないらしい。

この件に関しては、ＰＣＲ検査場の受付担当者にも、医師にも「日本の書類には『鼻咽頭ぬぐい液』と書いてあるのですが、こちらの検査方法で問題ないですか？」と何度も確認したところ、「世界中これで公式のＰＣＲ検査と認められているから大丈夫」との回答で、日本の書式に記入していただくことは許されず、あくまでもオーストリアにおける標準的な検査方法にて実施され、検査場の公式のフォーマットを用いて書類が作成されたのだった。

万が一機内に乗り込めたとしても、日本人とて強制送還されてしまうという水際対策にて、結局ＡＮＡでの出発は叶わず、後発のルフトハンザ便に振り替えていただき、空港内で急遽ＰＣＲ検査を受け、日本の書式で「鼻咽頭ぬぐい液」の項目にチェックしていただいたのだった。

もし、当初の予約がルフトハンザ便で、同日中に出発できなかった場合、2週間の自宅待機を勘案すると、ハダカラのCM撮影に間に合わず、関係各所に甚大な損害をもたらす可能性もあった訳で、久々に肝を冷やした。

無事に羽田に着いたあとも、前回の帰国とは比較にならないくらい書類のチェックが厳しく、10箇所以上の関所が設けられ、全く同じ質問とパスポートの提示を10回以上求められた。そこでは、外国からやって来た書類不備の人々が強制送還になる例も多々あり、気の毒でならなかった。

唾液によるPCR検査の結果を待つこと1時間強、ようやく日本への入国が許されたものの、フランクフルトでの突然の便変更により、ロストバゲージが生じたことは仕方のないことだった。

政府指定のホテルへは40人乗りのバスで移動するのだけれど、このバスに乗り込んでから、2時間以上も出発を待つ間、ハンガリーの医大に留学しているという若いお嬢さんとのディスタンスを保ちつつの会話を楽しんだ。国境なき医師団にて産科医として貢献すべく、英語にハンガリー語にラテン語、ギリシャ語で解剖学を学ぶ勇姿に圧倒され、これから始まる3日間の監禁生活など大したことはないと思えた。

ところが、待機ホテルに着くと、ホテル専用の健康チェックアプリのダウンロードを促され、計5つもの水際対策用アプリが私のiPhoneを占拠することになり、「なんで5つのアプリを一元化できなかったんだろう」と心の中で愚痴を言ってみる。

横浜のビジネスホテルは狭いながら清潔で、眺めも大変よく、国民の皆様の税金で賄われていると思うと、何だか申し訳なかった。

健康上の理由により、一日3回支給されるお弁当をいただくことができず、事前の申請により弊社のスタッフが医師の処方によるサプリメントと軽食を届けてくれたのだけれど、厚生労働省のご担当者が届けてくださった折に「中身は全てこちらでチェックして問題はありませんでしたのでお渡しします」と言われた際には、まるで刑務所のようで驚いた。

食事は1日3回ドアの前に配布されるため、15分前に「これよりお食事を配布いたしますので、ドアを開けずに室内でお待ちください」と館内放送があり、「お食事の配布が終了致しました」という放送が再び響く。

5つ目の待機ホテル専用アプリでは毎日体温や健康状態を報告する義務がある上、なんとメールでも厚生労働省から同様の健康確認の質問票が届くようで、これを14時までに回答せよというのだけれど、朝5時に起床し、何度か午前中にメールをチェックしても、それらしきメールは届いておらず、時差ボケで再び眠りに落ちると14時過ぎにビデオ通話のアプリがけたたましい音を立てて鳴り響き、「厚生労働省よりご連絡をしていますが、カメラをオンにしてください」とのこと。

すっぴんにパジャマのあられもない姿で慌ててカメラをオンにすると、あちらは真っ黒な画面のまま、声だけが響き、名前を名乗るでもなく、「申告したご自宅にいらっしゃいますか？」とお訊ねになるので「申告した自宅ではなく、待機ホテルにおります」と返答すると、「帰国時にご記入いただいたご住所ですか？」と再びおっしゃるので、「いいえ、記入した住所ではなく、そちら様でご用意くださったホテルにおります」と返すと、「入国後2週間はご申告いただいた自宅での待機をお願いしておりますので、引き続きご協力をお願いします」とのこと、「カメラを動かしてお部屋の中を見せてください」とまでおっしゃる。

ベッドしかない部屋の中、つまりは寝室を見ず知らずの余所様に、しかも顔も見えないお相手にさらすことが恥ずかしくて、「ただ今政府指定のホテルにおりますが、室内をお見せする必要がありますか？」と尋ねてみると、「そのような決まりになっておりますので、お願いします」とのこと、しぶしぶ室内をご覧に入れたのであった。

この一件で、とても憂鬱な気分になる中、GPSチェックのアプリが鳴り響き、「今ここ」というボタンで、居場所を知らせることとなった。

バスに乗って強制的に政府指定のホテルにやって来たにもかかわらず、「自宅にいるかどうか」を尋ねられ、部屋の中まで覗かれた上、どう考えても逃亡は無理なのにGPSで居場所をチェックされ、それに応じなければ違反者として氏名公表されるという措置に、ビクビクしてしまい、何も悪いことをしていないながら、犯罪者になったような気分で、えん罪で捕まった方の気持ちがわずかながら理解できたような気がした。

そのようなことを悶々と考えているうちに厚生労働省からメールが届き、健康状態確認の回答がないため、違反者として氏名公表の可能性がある旨を告げられ、慌ててひとつ前のメールの質問事項に回答して返送した。

14時までの回答を求めるメールは毎朝11時の着信となり、わずか3時間で回答返信をせねばならぬというから大変だ。この監禁中にドイツ語のレッスンをしたり、オンラインミーティングをしたりと時間を有効に活用しつつ、時差ボケにも喘いでいるため、先方様のご都合に合わせてご回答申し上げるのは容易でない。

オリンピックを控えて変異株の流行に対して神経質にならざるを得ないことは重々承知しているし、ひとりでも多くの命を守りたいことは私も同じである。できる限りの協力は惜しまない覚悟でいたけれど、早々に心が折れそうだった。

3日間を鬱々として過ごし、晴れて自宅に戻れる4日目に、例のごとく事前の申請により弊社のスタッフがオーストリア帰りの多すぎる荷物を取りに来てくれたのだけれど、この期に及んで「荷物の中身は何ですか？」と、どのみち自宅に持ち帰る荷物の詳細を尋ねられた上、視認チェックまでされそうになった際には、「大変恐縮ではございますが、下着なども入っておりますので、チェックはご遠慮いただけましたら大変ありがたく存じます」とお伝えして、なんとか荷物を開けられることは免れた。

それでも、取りに来てくださった男性のご担当者に、「えぇ？　スーツケースそんなにあるの？」と声を荒らげられた際には、本当に涙が出そうになった。

挙げ句の果てに、ようやく自宅に戻り、読書をしながら久々の長風呂を楽しんでいたところ、例のビデオ通話アプリに呼び出され、違反者扱いを恐れてずぶ濡れのまま慌ててiPhoneを取りに行き、裸のまま真っ暗な画面の向こうから聞こえる男性と会話をせねばならなかったことは、まるでコメディー映画のヒロインになったかのような気分だった。

政府も各省庁も、前代未聞のウイルスに翻弄され、国民からの突き上げに、ＩＯＣや経済界からのプレッシャーと、各方面から板挟みになって、がんじがらめの中、水際対策もその運用も後手に回らざるを得ないことを、理解しているつもりだったし、映画『総理の夫』で演じた日本初の女性首相、相馬凛子になったつもりでこの難局をどう乗り切るべきなのか考えてみたりもしたけれど、やはり辛いものは辛い。

どうか一日も早く、世界中が当たり前の日常を取り戻すことができますように。

ワクチンパス

ワクチン接種が順調に進みつつある欧州では、ワクチン接種およびCOVID-19罹患者の抗体を証明するグリーンパスか、抗原検査による48時間以内の陰性証明またはPCR検査による72時間以内の陰性証明を提示することにより、隔離期間なしで自由に国境を往来することが叶うようになった。

ドイツでは国民がいつでも無料で抗原検査を受けられることになっており、オーストリアでも抗原検査キットを薬局で無料配布している上、ウィーン市では無料のPCR検査キットをドラッグストアにて入手することもできる。

もちろんこれらは、高い所得税率と消費税率により、医療や福祉に緊急予算を拠出することができる欧州の特性によるものであり、これがそのまま他の国に当てはまる訳ではないのだろう。

街角で簡単に検査を受けられる上、変異株にはいずれの国も警戒をしており、飲食店や美容室などではグリーンパスや陰性証明の他に住所、氏名、電話番号、e-mailアドレスなどを記入することが求められるものの、店内での食事に加えて飲酒も許されている。

長らく休業あるいはテイクアウトのみでの営業を余儀なくされていたレストランのオーナーたちも、給仕に携わる従業員も嬉々として仕事に励み、冗談を交えて気持ちの良い接客をしてくれる上、一品余分にサービスしてくれるお店まである。

昨年の夏に感染者数が減少し、国境が開放されたのもつかの間、再び重症者数の増加に喘ぎ、相次ぐロックダウンや営業停止によって鬱々とした日々を送っていた人々が、ワクチンの普及と共に明るい表情を取り戻すことは何と喜ばしいことだろう。

街中ではストリートパフォーマーが奏でる音楽に合わせて踊り出す人も散見され、人々がいかに日常を、人との触れ合いを希求していたのかに改めて気付かされ、思わず涙させられた。

禁じられていたコンサートやオペラ、演劇も少しずつ再開し、ついに満席での上演が許されるようになった。

映画でも演劇でも、音楽でも、サブスクリプションで娯楽に触れることに慣れてしまった人々が「果たしてコンサートホールや劇場へ戻って来るのだろうか」と案じていたものの、そのような心配は杞憂に終わった。

夫の所属する管弦アンサンブル「PHILHARMONIX」が歴史あるコンツェルトハウスに

てコンサートを行ったところ、実に２０００人のお客様がおいで下さった。

録音や録画では決して捉えきれない生の音楽を、そして音と音の合間に訪れる静寂を、余韻を求めて集まった聴衆は、一様に自由を、そして、かけがえのない日常の更に先にある非日常を謳歌しているように見受けられた。

公共の交通機関、飛行機、レストランにて席を移動する際にはマスク着用が義務づけられており、私自身もコンサートや人混みの中を歩く際には慎重に行動しているけれど、ありがたいことにワクチン接種の機会に恵まれ、これまでフィットネスクラブや飲食店を訪れるために、2~3日に1回行っていたＰＣＲ検査の煩わしさから解放されることとなった。

世界中でワクチン反対派が跋扈《ばっこ》し、デモンストレーションに励んでいることも承知しているけれど、このまま一生自由が制限されるくらいなら、副反応で死んでもいいとまで覚悟してワクチン接種に臨んだ。

日本ではまだワクチンが行き届いていない上、「アレルギーなどでワクチンを受けられない方への差別につながる」という理由でワクチンパスに関しても消極的である旨は十分理解できるものの、個人的には瀕死の旅行業界や飲食業界の延命のためにも、入国の際の審査を簡略化するためにも早期にワクチンパスの運用を認めていただきたいと思っている。

帰国の度の厳重な書類チェックにＰＣＲ検査、３日間のホテル待機に加えて２週間待機中のＧＰＳシステムやビデオ通話による居場所確認、e-mailによる健康確認など、私たちの税金から多くの支出がなされていることにも心が痛む。

欧州のグリーンパスのように、感染リスクの低減を担保した上で入国時の隔離を免除し、自由な旅行と飲食を促進することで、滞った経済を循環させ、納税者のコロナ復興に関する負担も削減できるなら、むしろお安い御用だと、「総理の夫」の相馬凛子なら、すぐに採択するはずだと信じている。

ヨアナ・マルヴィッツ

２０２０年に１００周年を迎えたザルツブルク音楽祭は、昨年のコロナ禍による規模の縮小を踏まえて今年も引き続き１００周年の旗を掲げて開催された。

今年はワクチン接種も順調に進み、デルタ株には警戒を示しつつも、３Ｇルール（検査済み、ワクチン接種済み、快復済みのいずれかの証明書を持参する）の遵守とマスクの着用を条件に、満席の聴衆と共に開催されることが許されたのだった。

オペラを鑑賞するのは実に2年ぶりのことだった。映画『総理の夫』の撮影を目前に控えていた昨年は、自宅でおとなしくしていたため、久々の祝祭大劇場に胸が高鳴った。

出色は昨年のコロナ禍に33歳の若さでザルツブルクデビューを飾り、さらには１００年の歴史において、新たな演出にてオペラを制作することを許された初の女性指揮者として話題を呼んだヨアナ・マルヴィッツ氏が再演したモーツァルトのオペラ『コジ・ファン・トゥッテ』であった。

仲の良い２人姉妹の婚約者たちが男同士の戯れ言の延長戦で、本当に彼女たちが愛を貫くことができるものか賭けをする。戦地に招集されたフリをして彼女たちに一度別れを告げた男たちは、外国人風に扮装をして再び彼女たちの前に現れ、互い違いにあの手この手で口説いてみると、2人姉妹はいとも簡単に心変わりしてしまい、結婚の契りまで交わす始末という物語で、人間の愚かさ、滑稽さを覗き見するような喜劇であり、心理学の実験のような作品でもある。

マルヴィッツ氏は2014年に弱冠27歳にしてエアフルト劇場の音楽監督に就任し、ヨーロッパの歌劇場の音楽監督としては最年少の記録を樹立した。2018年からはニュルンベルク州立劇場の音楽監督として活躍しており、ドイツのオペラ雑誌『Opernwelt』では2019年の「コンダクター・オブ・ザ・イヤー」に選出されている。

未だ数少ない女性指揮者たちの中でも群を抜いたキャリアを形成しつつある彼女は、驚くべきことに今年のザルツブルク音楽祭へ、妊娠5ヶ月の身重な状態で登壇した。

女性が仕事と家庭を両立させることは、欧州においては当たり前のことであるし、妊婦による指揮も前例がなかった訳ではないけれど、彼女ほど責任ある立場で、しかも世界で最も誉れ高き音楽祭だと言われるザルツブルクにて、34歳の女性が大きなお腹でタクトを振ることは快挙としか言いようがない。

しかし、一見ピンチとも捉えられる状況をチャンスに変えてしまう性質は彼女のデビュー時のエピソードが物語っている。

２００６年当時、ハイデルベルクでピアノを学びつつ指揮も学んでいた19歳のヨアナは、予定されていた指揮者の突然の病欠により、『マダムバタフライ』を代役で指揮することを、当日になって突然任じられたらしい。しかも本番までに楽譜を吟味する時間はわずか4時間しか残されておらず、無我夢中で各パートを学び、指揮台に立ったという。

思いがけないデビューをきっかけとして、指揮者の道を本格的に歩み始め、それ以降の活躍ぶりは前述した通りである。

『コジ・ファン・トゥッテ』も、前例のないロックダウンにより開催が危ぶまれていたザルツブルク音楽祭から、昨年の開催間際に突然依頼が舞い込んできたもので、演出家のクリストフ・ロイ氏と歌い手たち、そしてオーケストラと共に、限られた時間の中で濃密な時間を過ごしたとのこと。

「モーツァルトのオペラは、繊細な紙飛行機を飛ばすかのよう。とても軽くて繊細な飛行機が空を飛ぶことができたら成功だと思います」と公式のインタビューで述べていた彼女は、椅子に腰掛けながらではあったものの、妊婦であることのハンディキャップは感じさせず、軽やかに、滑らかに、時には俊敏に大胆にオーケストラを導き、レチタティーヴォでは気配を消して、チェンバロの伴奏と共に心情を表現する歌い手に花を持たせて場面ごとの緩急をつけ、見事に紙飛行機を飛び立たせることに成功した。

音楽については情熱的に満面の笑みで語る一方で、「私が女性であることをメディアがことさらに取り上げていることも知っているけれど、この音楽祭における女性としての活躍が1人目であろうが3人目であろうが、150人目であろうが構いません。大切なのは確かなクオリティーであり、信頼のおける真の音楽家でいられるかどうかだけで、それ以外はあまり関係のないことです」と、置かれている立場についてはいたってクールなところも好感が持てる。

感性と知性を同居させ、女性性と男性性を併せ持ったかのような彼女の指揮する姿は、指先はもとより、ダウンライトに照らし出された頸椎のひとつひとつまで美しい。

「みんな誰でもそうする。女なんてそんなもの♪」

このコロナ禍に加えて、災害や内戦など、目を背けたくなるようなニュースがメディアを占拠する傍らで、馬鹿馬鹿しく、愚にもつかない男女のいざこざをマルヴィッツ氏が指揮を執り、ウィーンフィルが奏でる軽妙なモーツァルトの調べとともに鑑賞したひとときは何という癒やしの時間だっただろう。それは多くの聴衆にとっても同じだったようで、劇場はマスク越しの笑いに包まれた。

「この物語を最後まで聴かせることができるのは、モーツァルトの音楽だからでしょう」と彼女が言うように、くだらない物語をコロナ下のアダプテーションでは2時間30分、平常運転では3時間30分もかけて描写することができるのも、ほかでもない天才モーツァルトのなせる業であり、彼女の導きにより奏でられたウィーンフィルの音楽の賜物であった。

「女性だから、妊婦だから」という理由で過小評価されることが不当であることは当然として、下駄を履かされて高評価を得ることもご本人の意思には反する。

それでも、映画『総理の夫』にて演じた女性初の総理大臣、相馬凜子の境遇と重ねてしまい、カーテンコールで大きなお腹を隠すことなく満場の拍手喝采を受け止める彼女の凜とした姿に、溢れる涙を止めることができなかった。

総理の夫

原田マハさん原作の映画『総理の夫』が、撮影から1年の時を経てようやく公開となった。私が演じたのは直進党を率いて日本初の女性総理となった相馬凜子で、鳥類研究所の職員である日本初の総理の夫を田中圭さんが演じている。

「働く女性が子供を産み、育てやすい社会をつくる」ことを旨として、魑魅魍魎《ちみもうりょう》が跋扈し、有象無象の者たちが水面下で足を引っ張り合う恐ろしい世界を一点の濁りもない清廉潔白な態度で渡り歩く相馬凜子と、そんな妻を陰ながら支えることに喜びを見出す無欲な夫、日和の愛の物語である。

女性の生き方は様々であるけれど、以下のように大別されるのではないだろうか。

①キャリアのために出産を諦めるか、あるいは先延ばしにするうちに機を逸してしまい、キャリア街道をひたすら邁進する。

②出産と同時に退職し、そのまま再就職ができずに本来の能力を持て余し、扶養控除の範囲内で仕事をする。

③出産後に休職をして、いざ復職しようと試みてもマミートラックに乗せられて不本意な部署で働くことを余儀なくされる。
④出産後も親族の手を借りたり、託児所や保育園、あるいはベビーシッターやハウスキーパーをフル活用してキャリアも追求する。
⑤キャリアなど端から視野になく、結婚して専業主婦となり、出産と育児に励む。
⑥専業主婦を希望するものの、経済的な事情から、扶養控除の範囲内でパートタイムジョブに就く。
⑦シングルマザーとして仕事と育児に翻弄される。
⑧キャリアにも家庭にも興味がなく、ほどほどに仕事をするか、親のすねをかじりつつ慎ましく、あるいは優雅に暮らすか、趣味に没頭する。

原作の相馬凛子は、④に該当するけれど、映画版の凛子についてはぜひ本編をご覧いただきお確かめいただければと思う。

ご承知の通り、世界中を見渡せば、今年で任期を終えるまで16年もの長きにわたり、国を治めてきたドイツのメルケル首相に、EU委員会のウルズラ・フォン・デア・ライエン委員長、フィンランドのサンナ・マリン首相、さらには現職で出産したニュージーランドのジャシンダ・アーダーン首相など、政治の中枢を担う女性の存在は決して珍しいことではない。

しかし、こと日本に限っては、諸外国と比較して政治家はもとより、企業における女性リーダーの数が著しく少ないことは明白で、志願者も少ないという。

それでも相馬凛子は、少子高齢化を食い止め、女性が輝くことのできる未来を目指して奮闘する。

時には老獪な連立相手の党首に対して「ふざけんな！」と憤りつつも、表面上は笑顔とわきまえたフリでやり過ごす強《したた》かさを持ち合わせた凛子は、自らの妊娠が発覚するまで、歩みを止めることを知らない。

女性が働かなければ労働力の不足を補うことができない一方で、女性が社会に進出すればするほど出生率は下がってしまう。移民の受け入れに消極的な日本では、「働く女性が子供を産み、育てやすい社会を整備する」ことでしか、労働力不足の解決と、少子高齢化対策を両立させることはできないはずなのに、私たち女性の置かれた立場は依然として芳しくなく、女性が子供を産みたいと思えないことも、リーダーになりたいと思えないことも頷ける。

日本のジェンダーギャップ指数は２０２１年現在１５６カ国中１２０位に甘んじており、インドネシアやマレーシアといった、イスラム教国に対して敗北を喫するほど、私たち日本人の女性の地位が低いことを、恥じるどころか、もはや諦めの境地に入った方も多いのではないだろうか。

しかし、凛子は未来を諦めない。女性の自立を支援し、仕事と育児の両立をしやすい環境作りに労力を惜しまない。

決して耳触りが良いとは言えない政策にも着手するのは、ほかでもない未来の日本と、国民を守るためであり、総理大臣のポストにしがみ付く気はさらさらないのだ。

夢かも知れない、幻かも知れない、現実の世界はもっとおどろおどろしく、きれい事では済まされないのかも知れないけれど、相馬凛子のような女性リーダーがいてくれたならと、願わずにはいられない。

美しき田舎暮らし

京都にて映画『THE LEGEND & BUTTERFLY』の撮影をする傍らで、寸暇を惜しんで神社仏閣や美術館を訪れ、美しいものに触れては、ゾクゾクと鳥肌の立つような興奮を味わっている。

オーストリアと日本を往復する生活を始めて以来、ドイツ語を学ぶことに必死で、少し遠のいていた日本文化が再び身近に感じられて、古い街並みも、打ち水に濡れた路地も、小さな坪庭も、須恵器や唐銅《からかね》に生けられた山野草も、何もかもが心に深く染み入る。

そのような折、人里離れた場所で作陶に励み、水墨画から油絵まで、数多の作品を作り続け、エリック・クラプトンやロバート・デニーロなどから愛され、世界中から注目される芸術家辻村史朗氏を訪ねるべく奈良へと向かった。

それは、以前京都にて開催されていた展覧会の折にお話しさせていただいて以来、約8年ぶりの再会で、ザルツブルクでの慣れない田舎暮らしを営む私に、辻村史朗さんとご夫人の三枝子さんの素朴で創造性に溢れる本物の田舎暮らしを見せたいと、友人が連れ出してくれたのだった。

50年前に奥様と共に未開の地を切り拓き、ご自身で建てたというご自宅は、窓ガラスを購入した以外は全て周辺から古い木材をかき集め、屋根瓦も頂き物で葺いたのだそうで、焼き物を焼成するための穴窯も、生活用水を汲み上げる井戸すらもご自身でこしらえたのだという。

これまでザルツブルクの家には網戸がないとか、虫が多いとか、バスタブがないとか、ゴミの収集が2週間に一度しか来ないくらいのことで度々愚痴をこぼしていたことが恥ずかしくなるほど、地に足のついた暮らしぶりである。

とらわれのない心で、師を持たずに独学でもの作りに励み、人生の全ての瞬間を創作に捧げる辻村さんは、私たちの来訪を一服のお抹茶で迎えてくださった。

ご自身があぐらで座る定位置の右手には樫の木の炭火が絶えず点され、この1年の間、作っては破壊し、作っては破壊しを繰り返し、5000にも及ぶ数を作ったという志野茶碗に、炭火で沸かした鉄瓶のお湯が注がれ、はじめは正座でお抹茶をいただいた私たちも、辻村さんの繕うことのない本音の言葉に心をほぐされ、いつの間にかはばかることなく足を崩しはじめた。

ぐるりと周囲を見渡せば、至るところにご自作の作品が飾られており、パキスタンのシルクロードをテーマとした余白の多い油絵や、カンヴァスを白く塗りたくった抽象画など、私好みの画がいくつも目に飛び込んできた。

しばらくすると、端からは不便に見える小さなキッチンにて手際よく食事の支度をしてくださるご夫人の三枝子さんに促されて、増築により迷宮のようになったお宅をくまなく拝見した。

同じように芸術の道を志していた三枝子さんは、誰にも頼ることなく我が道を進む辻村史朗というただならぬ芸術家に出逢ってしまったことで、ご自身の夢に蓋をしてサポートに徹してきたという。

当初は史朗さんの作品を田んぼのあぜ道で売って何とか糊口を凌いだといい、決して暮らしは楽ではなかったことは想像に難くないけれど、時を経て引く手数多となった今なら、便利なシステムキッチンを導入することも、注文で立派な銘木を用いたキッチンを作ることもいくらでも可能なはずなのに、「私はおでこをぶつけるほど天井が低かろうが、狭かろうが、これで50年やって来たんだから、立派なキッチンなんて必要ないのよ。だって、最初は真冬にテントで暮らしていたんだから、何もなかったのよ。それにくらべたら、今のこの暮らしは人様から見たら質素かもしれないけれど、私にとっては十分いい暮らしなの」とおっしゃる。

誰かが権威を与えた作品ではなく、三枝子さんご自身の審美眼で集められた山茶碗や、ガラス瓶など、新旧入り交じる器の数々からは、美しい物への絶えることのない希求が感じられ、息子さんの唯さんと塊さんの作品が史朗さんの初期の作品と共にコレクションに加えられている様から、手仕事を愛するこのご夫人あってこそ辻村史朗さんが生かされてきたのだと確信した。

2万坪の広大な土地には、書画のためのアトリエと、陶芸のためのアトリエがそれぞれあり、未来図を計画したり、過去をくよくよと悔やんだりすることなく、今この瞬間の衝動に突き動かされるままに作られたという作品たちが無造作に所狭しと転がっている。

大小の油絵のカンヴァスも、中国の墨を惜しみなく使って大胆に書き殴る書も、墨の抽象画も、得意とする粉引の器も、伊賀も、信楽《しがらき》も、油絵も、たったひとりの作家の手から生まれたとは思えないほど、膨大な量が散乱している。

日本中はもとより、世界中が熱視線を送る作品がアトリエのみならず、アトリエの外にまで溢れ出し、雨ざらしになるのを見ると心配になるものの、そもそも完璧な美しさなど求めていない辻村さんには、そのような事はまるで意に介さないといった風情である。

一通りアトリエ見学を終えると、田んぼのあぜ道で見つけた古いはつりの木材を買い取って、これもまた自ら建てたという小さな茶室を通り過ぎて、再びご自宅に戻り、いよいよ辻村さんと三枝子さんお二人の手厚いおもてなしにより昼食が始まった。

煤で良い具合に黒くなった古い床板に直接並べられる大鉢は、自家菜園から摘まれたサラダと、旨味たっぷりのお出汁が染み込んだおでん。トマトジュースにポン酢とオリーブオイルとわずかな胡椒で辻村さんがサラダのドレッシングをこしらえる傍らでは、先ほどお湯を沸かしていた炭火で1キロほどのかたまり肉がじっくりと焼かれる。焼けた表面を包丁でそぎ落とし、粉引の器にそれぞれ取り分けたサラダと一緒に焼きたてのお肉をいただくと、見た目のワイルドさからは想像もできないほど、焼けた表面と、レアな内側のバランスが絶妙で、特製のドレッシングで和えた瑞々しいサラダとのコンビネーションも抜群だった。

おでんは大根と厚揚げ、そして旨味の元になる鶏肉もまたおいしく、お出汁を遠慮無く飲み干した。

粉引の片口をデキャンタにした赤ワインは決して高級品である必要はなく、チャーミングな辻村さんのお酌で同じ粉引のお茶碗からいただくと、口当たりがあまりによくて、近年では珍しくついつい沢山いただいた。

1キロのかたまり肉を1時間ほどかけて平らげた私たちの目の前に現れたのは、豚バラ肉の薄切りで、畑から摘み取られた水菜と豚バラ肉が、わずかなお出汁で炒め煮になり、胡椒とともにいただくと、豚の旨味が凝縮されて、これもまた食が進んだ。

お肉を切った包丁で、柿をむき始めた辻村さんは、練りごまといりごま、ほんの少しのお醤油で、柿のごま和えを瞬く間に作ってくださった。

心なしかお肉の脂がのこる口の中にさっぱりとした柿の食感とごまの香りが広がって、これほどシンプルでも、これほどおいしい料理ができることに目から鱗が落ちた。

料理をしながらお酌をして、こちらにつまらぬ気遣いを一切させず、いつの間にか次から次へと新たなお料理を披露する辻村さんは、先ほどの豚バラ肉とネギを網で焼いたかと思うと、豚バラ肉でネギをクルクルと巻いて、お皿にのせてくださった。あぁ、何とおいしいこと！

格好をつけて体裁を整えたおもてなしなどより、一見粗野なようで実は心のこもったおもてなしにより、私たち客人がかしこまることなく、自然体のまま寛ぐことができるとは、なんと繊細でエレガント、そして粋なはからいだろう。

その一方で「あるがままなんていうのは、嘘っぱちね。本当にあるがままで全部さらけだしたら、嫌われるわよ。どこかでこらえるのもおもいやり」と満面の笑みで優しく語るのは三枝子さんで、型破りで我を貫き通してきた芸術家の唯一の理解者であることの自負が感じられた。

畑の作物のみならず、焼き上がったばかりの作品までも荒らす野生のイノシシを「あのばかったれが」といいながらも、自然とともに生き、自然の土に触れて器を作り、思い通りにはならない火と格闘しつつも74歳にしてなお新たな作風を模索する芸術家の生き様に触れると、まだまだ甘い我が身を振り返って反省した。

そして、中途半端な田舎暮らしの旅の者すら受け止めてくださるご夫妻の大きな懐に、すでに脱ぎ捨てたつもりでいた鎧をまだ少しだけ纏っていたことに気付かされ、「あんたは十分がんばっているんだから」という言葉に、腑抜けのように脱力した、雨の夜だった。

増減自在？

このところ京都にて時代劇の撮影に携わっており、体重を3キロほど増量していた。

古《いにしえ》の時代の美人といえば源氏物語絵巻で描かれるように「引目かぎ鼻おちょぼ口」に加えて「下ぶくれ」と相場が決まっており、生来の顔立ちは変えられないとしても、時代劇を演じる度に、常日頃より旺盛な食欲を存分に発揮して顔の輪郭を丸くすることに努める。

悲しいかな年齢と共に顔の脂肪は減少し、腕や背中、下半身など望まないところには脂肪が我が物顔で鎮座するようになった。

幸いにも人様からは痩せ型だと思っていただけているようなのだけれど、痩せて見えるのは顔にはなかなか脂肪がつかないからで、控えめに言っても脱いだらすごいのだ。

かつらに相応しい相貌に近づくべく、輪郭をふくよかにしようと、お昼はだし巻き卵にはじまり、棒にしんに、生湯葉などを堪能し、鴨の油たっぷりの鴨せいろに続いて京風のきざみきつねそばに山椒を振りかけてお腹を温める。

夜は、撮影が早く終われば馴染みの日本料理店のカウンターにて美しい器に盛り付けられた季節のお料理をお腹いっぱいいただくこともあれば、お肉やパスタをペロリと平らげる日もある。

餃子激戦区だという京都では、酢胡椒にはまり、焼きたて餃子をひとりで40個平らげることもしばしばである。

それに加えてプロテインを1日70グラムほど摂取し、体重も体脂肪率も順調に増えたのだけれど、顔の輪郭がふっくらした分、下半身もずいぶんと大きくなり、愛用のきれいなシルエットのパンツが軒並み穿けなくなってしまった上に、股関節への負担も少なからずあり、鼠径《そけい》部が痛む。

それでも、副産物としてシワがのびたり、肌の艶が良くなったりしたことはありがたく、時代劇のかつらや着物に負けない貫禄も備わったように思う。

ところが、京都での撮影の合間に、東京にてジュエリーを身に着ける広告の撮影があり、こちらは時代劇仕様の身体とふくよかな顔の輪郭では少々都合が悪い。

ファッション業界でも多様性を尊重する動きが広がり、世界中で肌の色や体形の異なるモデルたちが活躍する姿は素晴らしいのだけれど、洋服を美しく着こなし、心地よく動ける体重に近づけるべく、せっかく増やした体脂肪を再び減らすことになった。

若かりし頃だったら、数日の筋トレと有酸素運動で簡単に身体を絞ることができたのだけれど、46歳を迎えようとしている今や体内のミトコンドリアも減少し、そう簡単には痩せられなくなっている。

腕や背中は、肩甲骨周辺を1キロのダンベルを使って動かし、サウナと冷水浴で褐色脂肪細胞を目覚めさせることで、少しずつ絞ることにした。太腿の内側やお尻、浮き輪といわれる腰まわりの皮下脂肪などは、最も手強いエリアで、相談を持ちかけたドクターによると、飢餓状態にならなければ、決して減ることのない脂肪だという。

仕方がないので16時間以上空腹を保ち、朝はＭＣＴオイルとサプリメント、脂肪燃焼効果のある緑茶だけですませ、スクワットやプランクといった筋トレと1時間30分の有酸素運動で恣意的に飢餓状態を作る。

プロフェッショナルの手に頼ることもはばからず、キャビテーションやラジオ波で脂肪細胞を破壊し、ハンドマッサージにて老廃物を体外に排出させる。激痛をともなう筋膜リリースなども積極的に行い、とにもかくにも脂肪細胞が抱え込んだ余分な水分の放出を試みる。

我慢ばかりでは辛いので、夜はきゅうりの千切りに納豆と梅干し、金いりごまを和えてまずはお腹を膨らませる。続いてありとあらゆるキノコに加えてキャベツに蓮根の薄切りなどの野菜を無水鍋で炊いたものに、ゲランドの塩とオリーブオイルを加えてこちらも存分にいただく。そして、最後にヒレステーキを１５０グラムほど、大根おろしとポン酢、生のフルーツトマトと一緒にいただいたり、柚子胡椒でいただいたりする。

減量中こそ、焼き肉店で赤身のお肉を夕方の5時から食べ始め、肉三昧をして6時には徒歩で帰路に就くと、翌朝には体脂肪率が下がっていたりする。

かくして何とか期限までに身体を絞ることに成功し、今度は再び時代劇仕様に戻すべく、餃子やパスタをモリモリと食べ始めるのであった。

ブースター接種

映画の撮影を終えて久々にオーストリアの自宅へ帰って来た。

欧州では目下オミクロン株による感染拡大中で、依然としてワクチン反対派が多いオーストリアでは、2月より11歳以下の子供か、やむを得ない事情により禁忌となっている人を除いて全員に接種義務が課せられ、ワクチン接種証明がなければ食料品店か薬局での買い物以外、外出することができなくなるという。

Eカルテと言われる健康保険証さえあれば、予約なしで誰でも無料で大規模なワクチン接種センターにてワクチン接種を受けることができるため、慌てて駆け込む人々がいる一方で、ワクチン接種の強制は人権侵害であると反発してデモを起こす人々もいる。

ワクチン接種を強制することが倫理的に正しいことであるかどうかは、私には判断しかねるけれど、新たな法令のお陰で接種率は急速に上昇しつつある。

それでも、新型コロナウイルスを話題にする場合、相手を注意深く選択しなければ激論となり、良好だった関係にひびが入ることも少なくなく、コロナウイルスそのものがもたらす被害と共に、人々に与える影響の何と大きいこと。

そうこうするうちにオミクロン株は我が物顔ではびこる訳で、ウィーンの空港に降り立って間もなく、オーストリアセンターに設けられた大規模接種会場にて3度目のワクチンを接種するに至った。

1度目は、ウィーンにていつもお世話になっている理学療法士の、医師であるご夫人の診療所でファイザー社製を、2度目はウィーンの同じアパートの階下で暮らす医師夫妻の診療所にて同じくファイザー社製を受け、すでに5ヶ月弱が過ぎていた。

昨夏イスラエルにおいて2回目接種者の間でブレイクスルー感染が広まった際には2回目接種後8ヶ月で3回目の接種が推奨されるとのニュースが駆け巡ったものの、それがいつの間にか6ヶ月になり、今や3ヶ月後には抗体量が4分の1にまで減少するとのことで、ドイツの感染症の権威ドロステン教授の「オミクロン株対応の新たなワクチンを待つよりは、3回目をできるだけ早く打つように」との提言に従って早々のブースター接種を決めたのだった。

ありがたいことにオーストリアセンターでの接種はとても効率がよく、順調だった。あらかじめ混雑具合をウェブサイトで確認することが可能で、問診票もプリントアウトして事前に記入すると尚のことスムーズである。地下鉄1番線の Kaisermühlen-Vic 駅で降車すると徒歩わずか5分ほどで接種会場が現れる。

しかし、事前の確認とは裏腹にすでに50名ほどの列ができており、しばらく遅々として進まないその列で並んでいると、親切な御仁が私の手にしていた問診票に気付いて「ここは接種証明書の列で、ワクチン接種はあっちだよ」と教えてくださった。

すでに記入済みの問診票を携えて行ったお陰で、順番は2分ほどで巡ってきて、1つ目の関所では、頭髪をヒジャブで覆ったイスラム教徒の女性からどちらの製薬会社の接種を望むか尋ねられ、COVID-19に限らず、あらゆるワクチン接種の記録をするための台帳である黄色のワクチンパスを提出すると、そこに会社名が記載された。すでに3人以上の医師たちから交差接種の有効性を説かれていた上、ファイザー社2回の後にモデルナ社のブースター接種を受けると、抗体値が35倍になるとのことで、副反応を恐れつつもモデルナ社を選んだ。

続いて2つ目の関所では医師による問診票のチェックがなされ、副反応について質問があれば個々で尋ねることもできる。

最後に3回目の接種者専用のラインへ足を踏み入れると、番号が割り振られ、簡易的な仕切りのなされた空間に案内され、「右腕、左腕どちらがいいですか」という質問に「左腕でお願いします」と応じると、1、2回目の半分の量のワクチンが瞬く間に打ち込まれ、見事終了となった。

自宅を出てから30分以内で全てが終了するという、あまりの迅速さに驚いてオーストリアセンターについて調べてみると、ＥＵ諸国の中でCOVID-19のための迅速検査システムを初めて築いたとして、スティービーアワードを受賞しているという。

副反応が現れる前にと、急ぎÖBBの特急に乗り込みザルツブルクの田舎家へ着くなり倦怠感に襲われ、次第に関節という関節があまねく痛み始めたため、荷ほどきをする気にもなれず、ベッドになだれ込んだ。それ以降は時差ボケも影響して微熱と頭痛にもだえながら2日間死んだように眠り続け、時折喉の乾燥に咳き込んでは息も絶え絶えに水を飲み、再び深い眠りに落ちた。

ようやく目覚めた3日目のお昼には腰の痛みと接種部位の痛みが残るのみで、3日前にはまだ積もっていた雪がずいぶん解けていた。

やせ我慢をして、全く辛くはなかったなどと言うつもりはなく、正直なところ本当にしんどい思いをしたけれど、この程度の副反応で新型コロナウイルスの感染を防ぐことが叶い、ひいては他の誰かを守ることができるなら、お安い御用である。

爪楊枝の魔術師

オミクロン株に世界中が翻弄される中、オーストリアでは2月より18歳以上の全ての国民にワクチン接種が義務化され、ワクチンパスの提示なしには買い物も外食もできなくなった。そのような中でも、FFP2マスクと3回目のワクチン接種証明に加えてPCR検査の陰性証明、さらにはなりすましを防ぐための身分証明の提示を必須条件とした上で、コンサートやオペラ、スポーツイベントなども開催されている。

この2年間で多くのコンサートがキャンセルとなり、私の夫も少なからぬ影響を被ったのだけれど、それゆえに無事に開催されるコンサートには、はばかることなく出かけている。至高の指揮者ヴァレリー・ゲルギエフ氏が音楽の殿堂「楽友協会」にてウィーンフィルのコンサートを率いるとなれば、足を運ばない手はないだろう。

この度はロシア人のゲルギエフ氏ゆえに、ロシア革命の折にアメリカに亡命したピアニストであり作曲家でもあったセルゲイ・ラフマニノフの音楽で黄金のコンサートホールを満たす。

作曲家自身が演奏するモノラル録音が今もなお残る「ピアノ協奏曲2番」は、地下鉄の通気口の上でマリリン・モンローのスカートがめくれるシーンで知られるビリー・ワイルダー監督のラブコメディー『七年目の浮気』や、フランクシナトラが歌った「Full Moon And Empty Arms」にて大衆の熱狂を獲得し、ラフマニノフの作品のなかでも最もよく知られた曲であろう。

美しく甘く、かつドラマティックなラフマニノフの音楽は、アメリカにおいてジュークボックスから流れるほどにポピュラーとなったことから、同時代のストラヴィンスキーやプロコフィエフを好む音楽通からは、「無調音楽のような新たな音楽技法を研鑽することなく後期ロマン派という旧弊にしがみつく前時代的作曲家」だと位置づけられ、蔑まれることも多いという。

確かに、ロシアのストラヴィンスキーが1913年には「春の祭典」を発表し、ウィーンではラフマニノフと1歳しか変わらぬアルノルト・シェーンベルクが、それ以前は忌避されていた不協和音を厭わず白鍵も黒鍵も平等に扱う十二音技法を提唱した時代背景を考えると、抽象表現が台頭する中でも頑固に写実主義に拘泥している画家のようなものだったのだろう。

大衆の支持とは裏腹に知識人たちからの過小評価に甘んじてきたラフマニノフの甘美で切ない旋律も、ゲルギエフ氏の指揮のもと、ウィーンフィルが奏でると、極上の響きを放つ。

ロシア人ピアニストのデニス・マツーエフ氏は『UNKNOWN RACHMANINOFF』というアルバムで、スイスのルツェルン湖畔に現存するラフマニノフの別荘ヴィラ・セナールにてラフマニノフ愛用のスタインウェイを実際に弾いてラフマニノフの未発表曲の録音にも挑戦しており、ゲルギエフ氏からの信頼も厚いことが窺える。

彼の強靭な精神と肉体によって放たれるピアノの音はダンプカー並に力強く、桁違いの音圧で聴衆を圧倒する一方で、クラリネットソロは、ダニエル・オッテンザマー氏がリラクゼーションマッサージのごとき滑らかさで私たちの心を解きほぐす。

そして、ゲルギエフ氏の握る手綱はオーケストラを勢いのあるテンポで走行させ、聴衆が美しすぎるメロディーによって安易な感傷に浸る余地を与えない。

私たちは決してもの哀しい旋律に酔わされるのではなく、むしろ抑制された洗練のその先に至福の時が到来し、繊細なピチカートでリズムを刻む弦や、かすかに響くシンバルなど、ピアノの大胆さと、それを支えるオーケストラが奏でるピアニッシモとのコントラストによって心震わされ、幾重にも重なる音の豊かさに思わず涙させられるのであった。

ゲルギエフ氏の人心掌握術は「交響曲2番」においても発揮され、聴衆は呼吸をすることを忘れて音楽に没入する。

イタリアのキートン社が氏のために特注で仕立てているというシルクのロングシャツから

窺うことのできる背中は、以前より少し痩せたように見えるけれど、指先の微細な動きと全身をダイナミックに踊らせた指揮、そして鋭くも温かい眼差しに衰えは全く見えず、オーケストラのテンポを前へ前へと押し出す。

ゲルギエフ氏は技巧を凝らしたシークエンスにはあまり指示を出すことなく、むしろ一見容易に感じられる部分の繋がりに徹底的にこだわり、リハーサルは毎日6時間に及んだという。

第三楽章の哀切に満ちたアダージオですら、ホールの気圧を下げてかき回す嵐のような勢いでかき鳴らす。

数日後にウィーン・コンツェルトハウスで行われたクロード・ドビュッシーの「牧神の午後への前奏曲」と、モーリス・ラヴェルの「ダフニスとクロエ」、そしてリムスキー・コルサコフの「シェヘラザード」のコンサートも同様で、氏の登場から音楽家たちも私たち聴衆も、完全に指揮者の術中にはまり、魔法にかけられる。

同時代に作曲され、いずれもバレエ・リュスのダンスの演目としても上演された、寓話を主題とした音楽において、ゲルギエフ氏自身が魔術師になったかのような不思議な力でコンサートホールの空気を制し、時に煽ったり、あるいは焦らしたりしつつ、その場にいる全ての人間を翻弄し、幻想的な物語の世界へと誘うのだ。

「牧神の午後への前奏曲」は頭に2本の角を生やし、上半身は人間、下半身は獣というギリシャ神話における好色な半獣神が、午睡から目覚めるなり美しい精霊たちの水浴び姿を見つけ、我が物にしようと誘惑するものの、願い虚しく敗北を喫し、精霊たちに逃げられてしまう。諦めの境地で牧神が再びまどろみつつ、精霊たちに思いを馳せるという、マラルメの詩から着想を得た物語。

1912年、同曲を用いたニジンスキーによるバレエ・リュスの初演時には、終盤の牧神がひとり淫靡な戯れに興じるという演出が卑猥であると、大変なスキャンダルになったことでも知られている。

この度のコンツェルトハウスでは、カール＝ハインツ・シュッツ氏の物憂げなフルートが幻想的な世界へ私たちを連れ出し、輪郭を曖昧模糊とする印象派の絵画のような柔らかな音に包まれて心地よい気分にさせられる。

山羊飼いの息子ダフニスと羊飼いの娘クロエという恋人たちが様々な試練により離ればなれになり、精霊たちと牧神の助けを借りて再び一緒になり、愛を確かめ合うというバレエ・リュスのために作曲された「ダフニスとクロエ」も、同じく印象派のラヴェルによるもので、こちらもフルートをはじめとする管楽器の遥かなる響きが特徴的に扱われている。

まやかしなのか真なのか、ゲルギエフ氏の握る爪楊枝のような細く短い指揮棒と、細く長く見える10本の指が描く、目には見えないエネルギーが音楽家たちに投入され、それに見事に呼応するように打てば響くオーケストラが心地よい。

続いて演奏された「シェヘラザード」は「千夜一夜物語」つまりは「アラビアンナイト」を題材にした音楽。

ペルシャのササーン朝の王が、妻の不貞から女性不信に陥り、強権を振るって女性をほしいままにしては処刑するという残忍な行為を繰り返していたところ、それをやめさせるべく大臣の娘シェヘラザードが一念発起して自らの身を王に差し出すという手に汗握る物語。

本来ならば、王と床を共にした翌日には首をはねられてしかりのところ、聡明なシェヘラザードは、「妹に物語を聴かせる約束がある」と、しばしの猶予を乞うのだった。

「アラジンと魔法のランプ」や「空飛ぶ絨毯」に代表される夜伽話を妹と一緒に聴いていた王は、「それで、その続きはどうなったのじゃ？」とすっかりシェヘラザードの物語にのめり込み、「この続きはまた明日」と焦らす彼女の戦略にまんまとはまり、1日、また1日と延命するうちに、いつしかシェヘラザードが王の子供を身ごもり、それをいたく喜んだ王が彼女を正妻として娶り、女性たちの悲劇に終止符が打たれるというストーリー。

ヴァイオリンソロでシェヘラザードの主題を奏でるのは、アルベナ・ダナイローヴァ氏で、ウィーンフィルの170年近い歴史上初めての女性コンサートマスター。その主題を彩るハープは、世界中から引く手数多のアンネレーン・レナエルツ氏だった。

ゲルギエフ氏は、極上の音楽を響かせることに終始すると、聴衆の拍手喝采には実に控えめな態度で応じ、後ろ髪を引かれることもなく舞台袖へ帰っていく。

世界中で人々が承認欲求を満たすことに必死のこの時代において、己の価値を己で見定め、他人からの賞賛を必要としないマエストロの高潔な精神が何と心地よいことか。

退屈で冗長な演奏会では、音楽を聴きながらも、密かに夕食の算段をしていたり、翌日の予定に思いを巡らせたり、あるいは空想の世界に逃げ込むことも多い。

しかし、素晴らしい指揮者と音楽家の邂逅《かいこう》においては、前のめりで音に食らいつき、全身の神経を触発され、音と音の間に訪れる濃密な余白に得も言われぬ喜びを見出すことができる。

誤解を恐れずに述べるなら、その余白に宿る静寂を味わうためにこそ、全ての音が存在しているのだと思っている。

失望

ついに強権を振るうロシアの実質的な独裁者が、オーストリアのお隣のお隣に位置するウクライナへ攻撃を開始した。

ずっと恐れていた瞬間が訪れ、正直なところ言葉を失い、この場で何を書いたら良いのかも考えあぐねている。

16年に亘ったアンゲラ・メルケル前ドイツ首相の時代が終わり、早晩欧州におけるパワーバランスが崩れることは予想されていたものの、こんなにも早く戦いの火蓋が切られるとは思わなかった。

様々な批判はあれど、大嫌いな大型犬を首脳会談の折に放たれても、得意のロシア語でプーチン大統領を懐柔して均衡を保ち、一帯一路を通じて政治的にも経済的にも存在感を増す中国とも冷静に付き合ってきたムティ《おっかさん》の不在は、想像以上の混乱を世界中にもたらした。

21世紀にもなったというのに、未だに物理的な武力を行使して領土争いをしていることが、とても短絡的で子供じみて見えるのだけれど、当該国の人々にとっては、そんなことは言っていられない。

どれほどの尊い命が奪われ、どれほどの人々の未来を暗澹たるものへと塗り替えるのだろうか。

思えば幼き頃に見聞きしたイラン・イラク戦争は遥か遠い国での出来事だった。

湾岸戦争は沖縄の米軍基地から8000人も派兵されたことから、少なからぬ不安を覚えたものの、ニュースから流れる映像は、よくできた映画のように見えた。

アフガニスタンにおける対テロ戦争は、9・11の折に2機目の飛行機がワールド・トレード・センターに激突する瞬間を生放送で見ていただけに、武力による報復がとてもリアルで恐ろしいものに感じられた。

その間にも旧ユーゴスラビア、イスラエル、チェチェン、アフリカ、シリア、クリミアなど、各地で紛争は絶え間なく勃発するものの、新聞記事やニュース映像だけでは、民族、宗教、エネルギー、経済を巡る様々な思惑の真実に迫ることは不可能に思えた。

とりわけNHK所属のジャーナリスト高木徹氏による『ドキュメント戦争広告代理店〜情報操作とボスニア紛争』を読んで以来、世界中に溢れるニュースの何を信じて良いものか、わからなくなってしまった。

コピーライティングのプロである広告代理店が、戦禍にある国の首脳の記者会見で、何をどのように語るべきか、いわゆる「サウンドバイト」と称される、短いコメントで記事の見出しになるようなインパクトのある言葉を徹底的に計算してサポートすることにより、世論を誘導し、国連がどちらの味方をするか、心証を操作することすら可能なのだとこの書籍で知り、我々庶民が触れることのできる情報には少なからぬバイアスがかかっており、真相は藪の中なのだと諦めの境地に至った。

それでも、『アンネの日記』で読んだユダヤ人が、いつしか遠くの国の人ではなくなり、ホロコーストからの生存者を親族に持つという友人ができたり、ヒトラーが強権を振るったドイツを母国とし、ベルリンの壁の内側で育った夫と共に、ヒトラーが生まれ育ったオーストリアにて暮らし、シリアからの難民が営むお店で買い物をするようになると、世界で唯一の被爆国とはいえ、極東の島国でぬくぬくと暮らしていては気付かなかったような脅威を日頃から感じるようになった。

コロナによるロックダウンがなくとも、有事にどこへ逃げるのか常に話題に上がっていた。水と食料が安全に手に入るザルツブルクは恵まれているものの、エネルギーは通常の電気と薪による暖炉に頼っており、ご近所のようにいずれは地熱エネルギーなどの自家発電に切り換えなくてはと思っている。

幸いお隣のスイスと同様にオーストリアも永世中立国であり、ＮＡＴＯには加盟していないものの、万が一相手が侵略を試みた際には防衛の手立ては心許なく、瞬く間に陥落となるだろう。

この度の挑発的な行為においては、ウクライナ以外の国への進軍までは考慮されていないと信じたいけれど、地政学的には、ロシアからウクライナの国境目がけて輸送された戦車は、そのまま陸路でハンガリーかスロヴァキアを越えてオーストリアにやって来ることも決して不可能ではない。

ましてやプーチン大統領が経済制裁により内外からのプレッシャーに押しつぶされて冷静さを欠いたあかつきには、核保有国であることが最大の脅威である。

音楽の都オーストリアでは、ロシア人の指揮者やロシア人の音楽家によってロシアの作曲家の音楽が演奏されることも多く、つい先日も、ウィーン国立歌劇場にてヴァレリー・ゲルギエフ氏によるチャイコフスキーの歌劇『スペードの女王』を鑑賞し、歌手たちの歌声を最大限に活かすために自らの存在をできる限り消し去り、オーケストラに控えめな演奏をさせる姿に、「これでこそオペラの指揮者と言えよう」と感嘆のため息をついたばかりだった。

この度のロシア軍の一方的な侵攻により、ヨーロッパやアメリカにおいて、ロシア人アーティストが活躍することが難しくなる可能性も否めず、エネルギーや経済のみならず、音楽界も大きな混乱に見舞われている。

折からのコロナ禍やインフレに追い打ちをかけるような現状に心が折れそうになるけれど、オロオロと手をこまねいている暇はない。停電や食料の高騰の可能性も視野に入れ、いざとなったら蠟燭の灯りで暮らしたり、家庭菜園で野菜を賄うべく腹をくくるしかないのだ。

すでにヨーロッパでは難民受け入れ態勢の準備が始まっているものの、全てを失って着の身着のままで逃れてくる人々のことを思うといたたまれない。

いっそのこと、これが軍需産業を潤すためにアメリカとロシアが演じている茶番劇であったらどれほど良かったことだろう。

彼のお方が「ちょっとしたお遊びだった」と、あるいは「リアルすぎる戦争ごっこだった」と、ペロリと舌を出して笑ってくれたら、どれほどの人が救われることだろうか。

しかし、頭上を東方へ向かって飛んで行く西側諸国の戦闘機は、これが夢でも冗談でもなく、現実であることを物語っていた。

弥生に嘆息す

１９８９年11月９日のベルリンの壁崩壊を契機に終息したはずだった東西冷戦が、たったひとりの独裁者の野望によって再び狼煙を上げ、世界中が混迷に陥ってからすでに１ヶ月が経過した。

この33年の間に、各国が公式非公式を問わず駆け引きをしながらも保ち続けた均衡が２月24日の爆撃により瞬く間に崩れ、罪なき人々の命が脅かされていることに戦慄を覚える。

もちろん世界が綺麗事だけで回っている訳ではなく、いくら理想を掲げたところで、現実は無慈悲で冷酷であることも理解しているつもりだけれど、それでも戦地からの映像や、家族と泣く泣く別れて国を後にする女性や子供達の姿を目にする度に、いたたまれない気持ちになる。

暮らしているオーストリアにもスロバキア経由で難民が続々と到着しており、国民と同等の社会保障込みの滞在許可証が１年の期限付きながら異例の迅速さで発行されるという。インフラの激しい破壊により、たとえ戦争が終結したとしても帰国して生活を営むことは困難だと思われ、この度やって来た女性や子供達が、その後にビザを延長せざるを得ないことは、容易に想像がつく。

これ以上の犠牲を防ぐために、ウクライナ側は早期の停戦合意を模索していると言われるけれど、その一方でロシア側の条件を呑み、丸腰で全面降伏する選択肢のないことは、冷戦時代の東欧諸国や、東西ドイツの分断を経験した人々なら理解できることだろう。

私達にとっては当たり前の言論の自由や、民主的な国家運営が全て奪われ、親族間ですら相互に監視をするような社会に、一体誰が戻りたいと思うだろうか。

事実ドイツのベルリンにて暮らす義父は爆撃によって生家を失った上、ドイツの東西分割後1961年に西側への人口流出を恐れたソビエト政府によりベルリンの壁が突如として築かれた際に、命からがら東ベルリンから西ベルリンへ逃れたものの、その逃避行が成功するまでの間、終始血の繋がった実の叔父から監視され、行動を逐一秘密警察に報告されていたことを、冷戦終結後の公文書公開に当たり、シュタージ・アーカイブから見つけ出し、驚愕したという。

シュタージの活動については、フロリアン・ヘンケル・フォン・ドナースマルク監督の映画『善き人のためのソナタ』に詳しく、ソビエト連邦軍の配下にあったドイツ社会主義統一党による独裁体制に反対する者は捕らえられ、徹底的に糾弾され、粛清の憂き目を見る。

西側への逃亡を試みようものなら、万が一成功して逃げおおせても、残された家族が粛清の対象となり、投獄されて拷問を受けたり、仕事を奪われたり、世間のさらし者になったりしたという。

自らの立場を守るためには秘密警察の諜報活動に協力しなければならず、相手を監視していたはずが、対象人物から自らも監視されていたという、何とも滑稽かつ哀しい例もそこかしこで散見されたらしい。

ナチスドイツの権威主義に自ら迎合したり、不本意ながら蹂躙《じゅうりん》された東ドイツや東欧諸国は、その後再びソビエト連邦による新たな権威主義に翻弄されることとなり、監視と検閲によって自由な表現は封じられてしまったのだ。

それゆえに、東ドイツの国民は、郊外にダッチェといわれる小さなウィークエンドハウスを持ち、密談は監視の緩かったダッチェにて行われ、自宅では盗聴を恐れて本音で会話をすることなどなかったというのだから、何とも物騒なことである。

超大国ソビエト連邦が崩壊し、東欧諸国の多くがＥＵ加盟を果たした今や、政治的に相容れないロシアと西欧諸国の間に位置するウクライナは、ロシアにとっても、西側諸国にとっても重要な緩衝地帯であり、ウクライナの望むＮＡＴＯ及びＥＵへの加盟が本当に認められた場合には、ロシアにとって大きな脅威となることは想像に難くない。

核武装したロシアによる侵略の脅威に常にさらされてきたウクライナにしてみれば、NATOへの加盟により抑止力を手に入れ、自由と民主主義を守りたい一方で、ロシア側にとっては最後の砦であったウクライナが西側におもねることにより、国際社会における自らの影響力が低下することを恐れるのも理解できる。

どちらにも相応の言い分があり、妥協点が全く見出せないこの闘いが更なる犠牲を生み、私達の暮らしにも多大なる影響を与えることは必至であろう。

ヨーロッパにおいては、経済制裁と同時にロシア人芸術家達の締め出しも始まった。

ドイツのミュンヘンフィルハーモニーと、イタリアはミラノのスカラ座が現代最高峰の指揮者と言っても過言ではないヴァレリー・ゲルギエフ氏に突きつけた条件は、彼の独裁者との親密な関係を断ち切り、この度の侵攻について、公に毅然とした態度で批判をしない限りは契約を打ち切るというものだった。

そして、期限付きで踏み絵を迫られた当のゲルギエフ氏は、沈黙を貫き雲隠れしてしまった。

ウィーンフィルと共にニューヨークのカーネギーホールで予定されていたコンサートも、ロシアの侵攻2日前に当たる2月22日の時点で双方合意のもと降板の決定が下され、メトロポリタン歌劇場の首席指揮者であるヤニック・ネゼ＝セガン氏が窮地を救うこととなった。

サンクトペテルブルクのマリインスキー劇場をはじめとする数々の劇場の長であり、芸術家にスタッフも合わせると５０００人以上を率いて重責を担うゲルギエフ氏にとって、ロシアは愛すべき祖国であり、独裁者との蜜月により築き、守られていた彼の芸術の宮殿を失うことは考えられなかったのであろうし、もし今彼がロシアに反旗を翻そうものなら、ゲルギエフ氏自身はおろか親族の身にまで危険が及ぶことも考慮すると、身動きできなかったのかもしれない。

西側で活躍する芸術家たちの多くは、勇敢にも公に戦争反対の立場を表明することでウクライナへの連帯を示し、これまでと変わらずに活躍を続けているけれど、独裁者に恭順を示すことでソ連の崩壊後は風前の灯火《ともしび》となったクラシック音楽を再び繁栄に導いた稀代の指揮者が我々聴衆の前から姿を消してしまったことに、深い落胆と悲しみを禁じ得ない。

息を呑むようなあの素晴らしい音楽をもう二度と再び耳にすることができないのかと思うと、とてつもなく切なく、その一方で、あの美しい音楽が非道な独裁者の庇護のもとで育まれてきたものだと思うと、空虚感が去来する。

しかし、野党の対立候補を毒殺しようとするような恐ろしい国家において、正義を貫くことなど不可能に等しく、自らの身を守るために迎合するか、決死の覚悟で政権に楯突くかしかないのだとしたら、曲がりなりにも民主国家に生まれた私には、そうした境遇のもとに生まれた人々の生き方を断罪する資格はない。

人々の命と尊厳が失われる哀しさに、芸術や文化的遺産が毀損される虚しさも加わって、無力な己を責めたところで何かが変わる訳でもなく、ただただ嘆息する春である。

同床異夢

３年ぶりに芽吹きの時期から日本でドラマの撮影をしており、すっかり遠のいていた日本ならではの繊細な季節の移ろいに心を奪われ、新緑の瑞々しさに日々ハッとさせられている。思えばこの２年間、誰しもがそうであったようにコロナ禍のために身動きもできず、多くの時間をオーストリアにて過ごしていた。

時折仕事で日本に戻ろうものなら、予約便の度重なる運休により、幾度となく予定が狂わされた上に、ＰＣＲ検査に帰国者の事前申請書の提出、数々のアプリのインストールを強いられ、ＰＣＲ検査の陰性証明書については、日本独自の書式がヨーロッパの標準的な書式と互換性がなかったため、航空会社から搭乗を拒まれるなど、自分の生まれた国であるにもかかわらず、「穢れ」扱いを受け、要請という名の強制的な隔離に耐えなければならなかった。

まだ帰国者の隔離の効率的な運用が定まらなかった頃には、厚生労働省に臨時で雇用されたらしきスタッフにより、入浴中にビデオ通話で居場所確認の連絡があり、名乗りもせず、顔さえも見せることのない真っ黒な画面の彼方にいる男性に向かって濡れそぼった全裸のまま応答せざるを得なかったことすらあった。

尤も「お部屋の様子を360度写して見せてください」と言われたものの、「入浴途中の全裸なのでご勘弁ください」とご遠慮いただいたけれど。

こちらの素性はつまびらかにされるにもかかわらず、真っ黒な画面と対話しなければならない人権侵害に等しい居場所確認については不評だったと見られ、後にAI相手に自らの顔と背景を録画するシステムに変更されたことは幸いであった。

諸外国ではワクチンパスが有効に活用され、日本からヨーロッパへ入る際には、ずいぶん早い時期からワクチンパスさえあればPCR検査も隔離も全く必要なくなっていた。

したがって、私達帰国者にとっては、日本がいつまでも頑なに鎖国を続けていたことは、外国人配偶者を持つ家族を引き裂き、留学生や専門職の人々に機会損失をもたらし、経済を停滞させる愚策のように思えて仕方がなかった。

その一方で、慎重な日本政府の対応と、公共心と衛生観念のしっかりした国民性により、感染者数も死者数も他国と比較して優位に抑制されていたことは大変誇るべきことであり、事実ヨーロッパにおいては日本人を見習うべきだとの識者の声も数々聞こえてきた。

ようやく日本でも3回接種済みのワクチンパスと陰性証明があれば、隔離無しで入国することが可能となり、勝ち取った自由を喜ぶと同時に、憂えていた経済の停滞が少しでも解消されることを願って止まない。

私権の侵害に対してはばかることなく声を上げるヨーロッパの人々は、周囲の人々への配慮を欠かさない私たち日本人と異なり、マスクの着用をできる限り避けようとし、ワクチン反対派およびマスク着用反対派による目抜き通りを封鎖した大規模なデモは毎週のように行われていた。

この度のロシアのウクライナ侵攻に際しては、階下を賑わすデモ隊が「戦争反対」を訴えているのだと思い様子を見に行くと、いつもと変わらず「ワクチン反対！　マスク反対！　自由のために立ち上がれ！」と練り歩く人々の群れが、こともあろうにロシアの国旗をなびかせる姿と遭遇することとなり、とてつもない虚無感に見舞われた。

無垢な人々の命が脅かされている傍らで、白青赤のあの国旗をはためかせてプーチンの肩を持ち、「ディープステート（闇の政府）に騙されるな！」などというチラシを配って歩く人々は、呆然と佇む私にもその中から一枚を差し出すのであった。

どうやらワクチン反対派の多くは、陰謀論者を兼ねており、それらの人々は、プーチン大統領とトランプ前大統領が、ディープステートとやらと闘っていると本気で信じているようで、この度のロシアのウクライナ侵攻にも大義があると主張して止まないのだった。

いつ、どこで、誰から、どのように情報を得るかによって、私たちにとっての真実はまるで異なる様相を呈する。

現在この世に陰謀論がはびこる状況はまるで、映画『グッバイ、レーニン！』の滑稽なフェイクニュースのようである。

かつて東ドイツにて社会主義の啓蒙と発展に積極的に貢献した母親が、心臓発作による昏睡状態から目覚めた際に、東西ドイツの統一により東ドイツが消滅した事実を知らされることによって、ショックを受けるのではないかと危惧した息子が、東ドイツが健在であるとの嘘を必死で演じる姿を描いたそのドイツ映画は、私達の現状を予見していたかのようだった。

主人公は自宅療養となった母親のために、きゅうりのピクルスをわざわざ東ドイツ時代の空き瓶に詰め替え、ニュースは自ら原稿を書いて友人に読ませ、録画をして編集する。

ベルリンの壁崩壊は、「東ドイツの社会主義に憧れた貧しき西ドイツの人々が、東西を分けていた壁に大挙して押し寄せ、壁の開放を求めたことにより偶発的に起こったのです」といった具合に。

自由と豊かさを求めて東ドイツの人々が西ベルリンへ流入する１９８９年の実際の映像を交えながら、フェイクニュースをせっせとこしらえるのであった。

皮肉にもそれは、この世に溢れるニュースがいかようにでも編集可能であることを示唆しており、私達のメディアリテラシーが暗に問われている。

この期に及んでフランスでは有力な大統領候補すらも「ロシアはウクライナに侵攻などしていない」とのたまう。国連安全保障理事会でも、ＥＵ議会でも、Ｇ20でも当然のことながら最重要課題として討議される議題であり、小学生でも理解できる自明の事実であるにもかかわらず、マダム・ルペンにはどうやら真実は異なって見えるらしい。

かくして世界は全く同じものを見ていながらも、それぞれに見えている景色は異なり、コロナ以前からすでに始まっていた分断は、この度の侵略戦争によってなお一層際立ち、底知れぬ深淵が目の前に横たわるのみである。

何とも後味の悪い夢を見ているようで、これが現実なのだと思うと、やりきれない思いにかられるけれど、久々の日本にて日々の撮影に専心し、命あることのありがたみを感じつつ、自らの心を防衛するより他に手立てはないのであった。

薫風

芽吹きの季節から初夏にかけて、日本の季節の移ろいを堪能することが叶ったのは、2019年以来、実に3年ぶりのことであった。

現在暮らしているオーストリアでも、白く雪に覆われた山々が次第に枯れた木々の姿を見せ始め、日照により庭先の雪が溶けたあたりから、我先にと待雪草や、クリサントス、スプリング・スノーフレーク、雪割草などが顔を覗かせる姿が愛おしいのだけれど、やはり日本の春から初夏にかけて、日々刻々と変わりゆく時節は格別である。

残念ながら大好きな侘助や梅の季節は逃してしまったものの、ドラマの撮影により、豊かな自然が今もなお残っている関東近郊を訪れる機会が多々あり、行く先々で視界に飛び込んでくる緑のグラデーションが、私の心の襞《ひだ》をどれほど潤してくれたことであったか。

演じていた役柄が困難であっただけに、ニュートラルな本来の自分との均衡を保とうと、無理に明るく振る舞ってみたりもするのだけれど、心の奥底に鉛のようにズシリと張り付いた罪の意識が、私を奈落の底へ引きずり降ろそうと、諸手で襲いかかってくる。

しかし、24時間役柄の感情に集中していては身も心もボロボロになって、人生が崩壊してしまうのだと若い時分に悟り、役柄と自らの距離を適切に取るようにしている。

思えば19歳の折、初主演映画の『BeRLiN』では、撮影を終えて1年ほどは役柄が抜け切らず、現実を生きていても心ここにあらずで、台本も譲っていただいた衣装も後生大事にする構えだった上、ありがたくいただいた新たな作品を、生意気にもお断りしたほどだった。

それから10年の時を経て山田宗樹さん原作の『嫌われ松子の一生』にて、20代から50代まで、川尻松子という女性の流転の人生を演じた際には、ロケ地の都合で20代も50代も同じ日に演じなければならず、5人もの男性が現れては消えて行く日々だったため、5本の作品を同時に演じていたようなもので、気持ちの切り替えを鍛錬するには絶好の機会であった。

以来、終わった作品の台本や集合写真をためらうことなくシュレッダーで裁断するような冷徹さを武器とするようになった。

演じることを生業とする以上、世の無常を甘受し、何事にも何者にも執着しない構えでいなければ、とても命が持たないと気付かされたのだった。

したがって、よほどの理由がない限り、原作や台本を再び読むことはなく、完成作のＤＶＤやブルーレイも未開封のまま倉庫で眠っているし、役柄を演じるために始めたお稽古事で続いているものは何一つとしてない。

スタッフや共演者の方々とも、作品が完成し、観客の皆様にご覧に入れるまでの間は、心地よい空気を共有したいと思うのだけれど、作品の枠組みを飛び越えてまで、私生活で親しくすることは稀である。

むしろ私生活の逐一をお互いに知ってしまうと、それ以上の興味を失ってしまい、せっかく築いた信頼関係が損なわれてしまうような気がしている。

最高の原作と、最高の脚本により、最高の照明の下に放たれる台詞を述べる演技者は、演技をしている時が最も魅力的で、私自身も含めて、まともな企業では使い物にならない社会不適合者たちが、素敵なおべべを着せられて、ようやく一人前に見えるだけなのだ。

つまるところ、我々の職業は、一般社会に馴染まなかった人間の吹き溜まりであり、セイフティーネットとしての機能を果たしているのである。

出逢っては短期間で濃密な時間を過ごし、また散り散りとなって行く寂しさが、とてつもなく好きで、その寂しさを耐えることなく私生活までベタベタと交友を続けることは性に合わない。ましてや作品によって、演出家の意向によって、求められるものが毎回異なり、正解のない世界において、我々知性のない者同士で演劇論などを交わすことはとても苦手で、「君子の交わりは淡きこと水の如し」を旨としている。

もちろん、数は少ないながら、作品を終えてもなお親しくしている方もある。それはほかでもなく、演技者でなかったとしても魅力的な方であり、毎日のように連絡を取り合うような密接な関係をお互いに求めないからこそ成立している関係でもある。

とはいえ、子役さんたちとの別れは、いつも後ろ髪を引かれる。

子役といえども、与えられた台詞を、カメラや照明の都合に合わせつつ、最適な立ち位置で、違和感なく自然に述べるという、大人の演技者と何ら変わらないプロフェッショナリティが求められている。

その一方で、子供らしい無邪気な笑顔や、人目をはばかることなく泣きじゃくることを期待される彼らは、実際には同年代のクラスメイトたちよりもはるかに耳年増になっている。

読解力に優れ、才気溢れるお子さんが選ばれがちであるという事情を加味しても、大人に囲まれて仕事をすることに慣れてしまうと、同級生の会話が子供じみた退屈なものに思えてしまうのは仕方がないことなのだろう。

しばらく撮影で学校を不在にすると、久々に戻った際には、自分の居場所はなくなり、撮影現場に拠り所を見出す彼らの心の状態を思うと、庇護したい欲求が生じるのと同時に、その思いこそが、彼らの居場所を更に奪うのだと思い止まることの繰り返しである。

子役としての成功と、人生における幸福を両立させるのは難しいことであるからこそ、いたずらに彼らの人生の貴重な時間を奪うことに罪悪感を覚えつつも、彼らの存在なしには作品が完成しないジレンマに苛まれるのであった。

この度ご一緒させていただいた子役さんたちも、私の心を魅惑し、翻弄し、かき乱したまま現場を去って行ったけれど、あの子たちが、演技者としてであれ、一個人としてであれ、しかるべき居場所を確保し、わずかでも社会に貢献できる人間になってくれるよう、密かに願うことくらいしかできない。

この度の作品では、子役さんたちをはじめ、表現力豊かな役者さんたちの演技に役柄の気持ちを引き出され、それゆえに精根尽き果てて、ホテルの自室に戻っても何もできず、廃人のように横たわるばかりの日々だった。

そのような訳で、新緑の眩しさがいつにも増して心に染み入り、山藤にカラスノエンドウ、カキツバタ、雪を頂いた富士など、撮影の合間に美しい景色が目に入る度に、貪るようにそれらを眺め、役柄によって傷ついた心を修復していた。

人間の非道な営みによって破壊されつつあったとて、人間の感情の移ろいなど我関せずそこにある自然の存在にどれほど助けられたことだろう。

混迷の時代

このところ欧州においてもっぱらの話題となるのは、ロシアによる侵略戦争と、それに伴うエネルギー価格や物価の上昇で、すでに日々の暮らしに困窮する人も現れ、仕事場へ向かうためのガソリン代が支払えず、やむなく出勤することを諦める人まで現れ、あらゆる分野で人手不足も加速している。

すでにニュースでも取り上げられていたように、空港職員の不足も深刻で、旅行者の荷物を仕分けし、各航空機に積み込むためのスタッフがいないために、ヨーロッパの主要なハブ空港ではスーツケースが山積みになっており、かくいう私のスーツケースもその山に埋もれてロストバゲージとなった。

便利なことに、近頃ではAppleのAirtagにより、自分の荷物がどこにあるのか一目瞭然になるのだけれど、3つのスーツケースが一度に届くのではなく、フランクフルト空港に滞留していた荷物が一つずつバラバラに羽田空港へ戻って来るという有り様なのだった。

さらには急激な旅行需要に対し、乗務員不足でフライトが欠航になるケースも多く、予定がままならないことも想定して動く必要が生じている。

旅客はもちろんのこと、郵便物の類いも同様で、航空便や空港での混乱に加えて、欧州での長距離輸送車の運転の多くを担っていたウクライナの男性たちが自国を守るために帰国してしまったため、DHLにて日本から送られた書類が届いたのは1ヶ月後のことだった。

ドイツで活躍するVon Wegen Lisbethという甥っ子たちのバンドは、野外コンサートにて、天候にも恵まれ、リハーサルも順調に進んでいたにもかかわらず、警備会社が人手不足によって人材を派遣できなかったがために、10万人規模のお客様に中止を告知しなければならなかったという。

その一方で、世界遺産のシェーンブルン宮殿の広大な庭園にて毎年開催され、世界最大とも言われるクラシックの野外コンサート、「ウィーンフィル・サマーナイトコンサート」は、約8万人の聴衆を無料で招き入れて、直前の雷雨に見舞われたにもかかわらず、奇跡的に晴れ渡った空の下、滞りなく執り行われた。

今や世界で最も多忙な指揮者となったアンドリス・ネルソンス氏の指揮のもと、チェロのゴーティエ・カプソン氏をソリストに迎えての公演では、コロナ禍により立ち見席を2年間封鎖していた反動もあり、次第に暮れゆく陽光に代わって闇夜に浮かび上がる幻想的なシェーンブルン宮殿を背景に奏でられる音楽に、ウィーン市民たちが熱狂的に聴き入っていた。

しかし、その背後で運営側の人々が肝を冷やしたのが、組み立てたステージを解体するはずのスタッフが一方的なキャンセルを告げたことだった。

世界遺産に指定されている庭園は、日本でいうところの農林水産省のような、農業および地域、観光省の厳しい審査を経て使用許可を取得しており、開催終了後には、ゴミの清掃はもとより、樹木の一本一本から、煙草の吸い殻のひとつひとつのチェックまで、4日間をかけて入念に行われる。

そして、期限内の原状復帰が求められているにもかかわらず、肝心の特設ステージを解体する人材がいないとは、青天の霹靂もはなはだしい。

とはいえ、労働者が己の権利を声高に主張し、サービス残業はもってのほか、少々歯が痛いとか、家族で旅行に行くなどという理由で、当日でもはばかりなく仕事に穴を開け、ましてやもっと支払いのよい依頼があれば、連絡もせずにそちらを優先する多国籍な職人の多い欧州では、水漏れの修理を頼んでも1ヶ月以上待たされることも日常茶飯事であり、物事が思惑通りに運ぶことを期待すれば、むしろストレスになって気を病むだけであろう。

こちらは日本ではなく、欧州なのだと割り切って、多少の不便に甘んじるより他に講じる術はないのである。

世界各地を見舞った人手不足による影響は、私達日本人の暮らしにも、今後じわじわと迫って来ることが予想される。

目下は、人手不足とエネルギー価格、食料価格の高騰に人々の暮らしが脅かされているものの、金銭で手に入るうちはまだよろしく、今後は企業や個人が札束をちらつかせたところで必要なものが手に入らない可能性すらある。エネルギー需要の80％をロシアからの天然ガスに依存しているというオーストリアは、名目上はNATOに加盟していない永世中立国ではある。その一方でNATO加盟国に周囲を囲まれていることで、その恩恵を被っており、EU諸国と足並みを揃えてロシアのSWIFTからの排除や、ロシアへの軍用品の提供禁止や、ルーブル建てでの支払い拒否など、様々な経済制裁に連帯しているため、いつ何時フィンランドのようにガスの供給を一方的に停止されても全く不思議ではない。

したがって、我が家では万が一の事態に備えて、室内で凍え死ぬことのなきよう、すでに寝袋を用意し、いざとなったらダウンジャケットの重ね着と湯たんぽ、さらには寝袋と布団の合わせ技によって暖房のない冬を凌ぐ構えでいる。

折からのウクライナ戦争により、穀物不足も深刻で、アフリカの人々がさらなる食糧難に陥っていることはご承知の通りである。

不条理にも、遠いアフリカで饑餓《きが》に苦しむ大勢の人々を救うことと、ヨーロッパと陸続きのウクライナで戦禍に喘ぐ人々を救うことと、どちらが優先順位が高いかなどといった議論までなされている。

コロナ禍にも戦争にもホトホト疲れ果て、血迷ったこの世界で何を指標に生きて良いのやら、わからなくなったりもするけれど、ひとまずは、雨風を凌ぐ場所があり、日々の糧にあずかることが叶い、自然と芸術へのアクセスを確保でき、睡眠時間が十分にあるだけで幸せなのだと、改めて思う。

ミスター・アノニマス

午前8時、ザルツブルク郊外の標高600メートルに位置する自宅の寝室にてまどろんでいた私は、けたたましい電話の音にたたき起こされた。

電話の主は不明で、iPhoneの表示によるとベルギーからの一報だった。

午後からの雷雨を避けて、夫は早朝にベッドを抜け出し、ロードバイクに跨がってどこかへ出かけたようだった。

ザルツブルクで私に電話をかけて来るのは夫とその親族くらいで、このような時間に無遠慮に電話を鳴らすのは、おおむねAmazonの配送担当者である。

植物性のプロテインとMCTオイルを注文したばかりで、配送先をザルツブルクにすべきところ、ワンクリックで決済してしまい、誤ってウィーンの自宅に送ってしまったのだと、いつもの凡ミスに自ら呆れつつ、「申し訳ございませんが、お隣のWさんか、どなたかご近所の方に預かっていただいてください」と返答するつもりだった。

そう、ウィーンにて暮らすアパートでは、住人同士が相互に助け合い、廊下やエレベーターでの挨拶やドアのホールドはもちろんのこと、不在時の郵便物はお互いに預かることが暗黙の了解になっているのだった。

さて、ベルギーの電話の主は、Amazonの配送担当者ではなく、ベルギーの連邦警察を名乗る女性の録音による音声で、「これから担当者に繋ぎますのでそのままお待ちください」とのことだった。

間もなくして電話口に現れたのは男性で、「あなたのお名前は？」と問われたので、咄嗟に「MikiNakatani,M,I,K,I,N,A,K,A,T,A,N,I」と返答し、「今、あなたの案件をシステム上でチェックするのでお待ちください」と言う彼に従って待つと、ほどなくして別の担当者に繋がれた。

訛りの酷い英語で話す彼が言うところによると、私のパスポートまたは、免許証、あるいはEUの滞在許可証などのデータが盗用され、不正に利用されている疑いがあるとのことだった。

「あなたがこの犯罪に関わっていないことを証明するために、今からいくつかの点を確認しなければならないので、紙とペンを用意してください」

前日遅くまで読書をしていたため、まだ眠い目をこすりながら、リビングの引き出しを開け、先日購入したばかりのノートと、フリクションボールペンを手に取ってソファーになだれ込んだ。

「これから言うことをメモしてください。私の名前は、Martin。Hook Martinです。Hはヘーゼルナッツの H、Oは酸素《オキシジエン》のO、再びO、Kは王様《キング》のK、Mはマクドナルド、Aは貴族《アリストクラット》、Rはランニングの R、Tは緊張《テンション》、Iはイタリア、Nは国籍《ナショナリティー》のN。フック・マーティンです」

「マーティン・フックさんですか？　それとも、フック・マーティンさんですか？」

「マーティンが姓です」

「マーティンはファーストネームではなく姓なんですね」

「ええ、よくある姓です。私のID番号はGK1453です。Gはドイツ《ジャーマニー》、Kは王様。あなたの事件番号はG765348で、Gはドイツの Gです。事件番号をメモしたら復唱してください」

「G765348でいいですか？」

「結構です。念のため、本人確認をしますので、あなたのパスポートでも、銀行の口座番号でも、なんでもいいので、下四桁を述べてください」

「なんでもいいって、もしかして、私を騙してお金を引き出そうとしています？」

「ご心配なく。あくまでも本人確認のためです」

「○○○○」

渋々パスポートを開いて下四桁を告げた。

「これから事件の概要についてお話ししますが、この先の会話は録音され、ベルギー、オーストリア、欧州刑事警察機構《ユーロポール》の所在地であるオランダの三カ国で情報が共有されます。これについてご了承いただけますか？」

「はい」

「それでは、この事件についてd etvkdwckh62bhsですが、b jhcgkwckj しないでください」

「すみません、電波が悪くて聞き取れませんでした」

「今から私が事件の概要を説明し、録音されますので、あなたはその最中話しかけずに聴くのみに徹してください。いいですか？」

「はい」

「私の名前はフック・マーティン、ID番号はGK１４５３です。Miki Nakatani、あなたのパスポートあるいはIDカード、免許証などが不正に利用されている可能性があり、ヴエーネンにて複数の銀行口座、クレジットカードがあなた名義で作られています。これらは、ドラッグの取引または、マネーロンダリングに使用されており、私たちは、あなたがこの犯罪に関わっていないことを確認すべくご連絡しました。あなたは、最近、ヴェーネンを訪れましたか？」

「…………」

録音をしている間「話しかけるな」と言われたので、この犯罪によって、パスポートやEUの滞在許可証などを再発行しなければならなくなった場合の書類集めの煩わしさを思いつつ沈黙していた。

「答えてください。あなたはヴェーネンに行ったことがありますか？」

「ヴェーネン？　どちらの国でしょうか？」

「ヴェー cvahjo という都市です」

相変わらず聞き取り辛い。

「スイスのベルンですか？　イタリアのヴェローナですか？」

「とにかくヴェー baiiocwec というベルギーの都市です」

「いえ、全く知らない都市ですし、どこにあるかもわかりませんので、当然訪れたことなどありません」

「あなたは、その都市で買い物をしたりホテルに滞在したりしていませんか？」

「ですから、その都市を全く知りませんし、行ったこともないので、買い物も、ホテルでの滞在もありません」

「では、あなたはこれまでドラッグやマネーロンダリングに関わったことはありませんか？」

「はい？　これ、本当に警察の方ですか？　まるで映画のヒロインになったかのように感じるのですが、まさか詐欺じゃないですよね？　もはや面白くなってきたのですがあっはははははははは」

なぜだか笑いが止まらなかった。

するとお相手もこちらに調子を合わせて穏やかに笑ってくれた。

「ハッハハハハハ。そうおっしゃるのも理解できます。確かに映画みたいですね。大丈夫。もう一度確認しますが、あなたはこれまでドラッグやその他の犯罪、マネーロンダリングに関わったことはありますか？」

「ありません。ドラッグなんて興味もありませんし、マネーロンダリングとか犯罪なんて、全くご縁がないです。どうしてこのような質問を受けなければならないのか滅法界もありません」

「では、あなたはこの犯罪に一切関わっていないと証言なさいましたね」

「ですから、全く関与していません」

「では、あなたのその言葉を信じます。これから別の担当者に繋いで、この問題をどのように解決するかを説明しますので、しばしお待ちください」

こうして回線は別の男性に引き継がれた。しかし、早口でまくしたてるように述べられた彼の名前も、ＩＤ番号もメモをすることが不可能なくらい聞き取れず、ユーロポールの担当者で、この会話も録音されているということだけが理解できた。

先ほどのフック・マーティンさんは、丁寧にスペルを説明し、彼のＩＤ番号もわかりやすくゆっくりと伝えてくれたのだけれど、ユーロポールのミスター・アノニマスは、どうやらこらえ性がないらしい。

「たった今、担当警察官から事件の説明がありましたね。あなた名義でヴィエナに2つの部屋があり、16の銀行口座と、17のクレジットカードが作られ、それらは犯罪に利用されていました。マネーロンダリングの疑いがあり、契約された部屋を訪れると、そこには誰もおらず、ドラッグがありました。22ポンドのコカインです。あなたは、これらに関係していますか？」

手元の単位コンバーターアプリで計算すると、22ポンドは約9・9キロに相当する。そんなに大量のコカインを、私の名前を名乗る人物が所持しているなんてとんでもない話である。

「ちょっと待ってください。ヴィエナっておっしゃいました？　どちらの国のヴィエナですか？」

「だから、オーストリアのウィーンです」

「え？　オーストリアのウィーンですか？　先ほどの方はベルギーっておっしゃっていましたが。正確な住所はどちらになっていますか？」

「捜査中の事案に関連する住所については、守秘義務があり述べられません」

「ウィーンのどの辺りですか？」

「だから、さっきも言ったように、答えられません」

「先ほどの連邦警察の方との聴取の録音で、ウィーンには行ったこともないって証言してしまいましたけれど、嘘を述べたことになりますよね？　ウィーンでも暮らしているのですが、どうしたらよいのでしょうか？」

「あなたはこの犯罪に関わっていないんですよね？　Yes or No?」

「もちろん全く関わりはありませんが、先ほどの証言は録音されていましたよね？　フック・マーティンさんの発音と電波が悪く、全く別の都市と勘違いしていまして、訪れたこともないと証言してしまいました。どうしましょう？」

私の心配をよそに、少々苛立った口調でミスター・アノニマスが述べる。先ほどのフック・マーティン氏は、こちらの気持ちに寄り添ってくれたのに、ユーロポールの彼は、虎の威を借る狐のごとく威丈高に振る舞う。

「このケースは典型的なＩＤの不正利用事件なので問題ありません。質問を次に進めます。犯人はBank Austriaやオーストリア国立銀行を始めとする銀行に16の口座と17のクレジットカードをあなた名義で作成しています。これらは、国際的な不正送金に用いられていました。あなたは16の銀行口座と17のクレジットカードを所有していますか？」

「いいえ」

「では、クレジットカードは何枚持っていますか？」

「……3枚だったと思います」

「あなたが3枚のクレジットカードしか持っていないのなら、17枚はあなたのものではないですね？」

「私のものではないです」

「では、銀行口座は、いくつありますか？」

「2つです。日本に2つしかありません」

「ヨーロッパに口座はないですか？」

「ありません、あ、やはりありました。あまり使用していませんが、念のためひとつ」

「それでは16の口座はあなたの口座ではないのですね？」

「私の口座ではありません」

「16の口座には巨額の資金が留保されていますが、これらはあなたのものですか？」

「先ほど申し上げた通り、私の口座ではありませんので、その巨額の資金とやらが、いくらか存じ上げませんが私のものではありません」

「ではこの大金はあなたのものではないのですね？」

「私のものではありません」

「ちなみにあなたのヨーロッパの銀行名を教えてください」

「バンク○○○○○○です」

「なるほど、バンク○○○○○○ですね」

「その口座にはいくら入っていますか？」

　これはさすがに立ち入り過ぎではないだろうか？　しかし、金額を述べて潔白を証明しなければ、私の口座も犯罪者の口座として規制対象になり、アクセス不可能になってしまうのだろうか？　とはいえ、預金額の多寡にかかわらず、口座残高を見ず知らずの他人に伝える義務はないと判断し、先方からは提示されなかった黙秘権を勝手に行使した。

「口座にある金額はお伝えしたくありません」

「なるほど。結構です。それでは、あなたは暗号資産の口座を持っていますか？　暗号資産で資産運用をしたり、買い物時の決済に用いたりしていますか？」

「残念ながら暗号資産の口座は持っていません。わたしはイーロン・マスクではありませんし、貧しく暗号資産で資産運用をするようなゆとりはありません」

「あなたは今、ご自身のことを貧しいとおっしゃいましたか？」

些細な言葉尻を捉えるなんて、これも捜査の一環なのだろうか？

「はい、私は貧しいです」

「もう一度確認します。あなたは貧しいとおっしゃいました。あなたにはお金がないということですか？」

「はい。確かに私は貧しいと申し上げました。お金はありません」

「本当にお金を持っていないんですね？」

かつては一億総中流と称された我々日本人の間でも、貧富の差が拡大しつつあると言われているけれど、相続税が課されないオーストリアやスイス、リヒテンシュタインなどの古城で代々暮らし、プライベートバンクに信託財産を任せているような富裕層に比べたら日本の富裕層など足下にも及ばないであろう。ましてや日本のローカルな女優風情など貧民に等しい。

「はい、お金は持っていません。イーロン・マスクではありませんので、暗号資産の口座など持っていませんし、言うまでもなく暗号資産の売買で市場を攪乱することなどできません」

「アッハッハッハッハッハッハッハッハッ！！！！　あなたはイーロン・マスクではなく、貧しいと、そうおっしゃるのですね？　面白い。ハハッハッハッハッ！！！　ブツッ！」

笑い声の途中で、突然通話が切断されてしまった。

iPhoneに表示のあったベルギーの番号にかけ直してみても、何語だか理解のできない女性の声で録音された留守番電話の案内が流れるのみだった。

ＩＤが不正利用されたまま、事件の処理が進まずに、私の名前を名乗る人物がコカインを売買し続け、国際的なマネーロンダリングを続け、いつか国際指名手配される可能性もあるのだろうかという憂慮が一瞬脳裏をよぎったものの、先方から一向に連絡がないところを見ると、やはり、ヨーロッパでも流行中の特殊詐欺のようだった。

実はベルリンで暮らす義父母も古典的なオレオレ詐欺の被害に遭いかけたことがあり、電話口にて「交通事故で人をひき殺してしまった」と泣き叫ぶ女性を一瞬娘だと信じて動転したものの、警察を名乗る男性に代わった際に、冷静に質問を繰り返したために、先方が痺れを切らして電話を終了したという経緯があった。

当然警察に相談したものの、犯人グループは電話番号の所在国にはおらず、場合によってはＥＵ圏外からＶＰＮを用いて巧みに回線を混乱させており、追跡は不可能で、警察が手出しのできるものではないのだという。

今回の手口について、調べてみたところ、やはり同様の詐欺がオーストリア在住者をターゲットに頻発しているらしい。もしも私が、彼らのお眼鏡にかなうだけの金額を所持していた場合どうなっていたのだろうか。最終的なプロセスは下記の通りである。

「あなたの口座からあなたを偽る人物が間もなくお金を引き出そうとしています」とか、「ただちに口座凍結の手続きを取ります」などと言って、スマートフォンに専用の口座アプリをダウンロードさせ、「あなたの口座残高が失われる前に、アプリ上の口座に至急退避させてください」と促され、お人好しならば向こうの思惑通り口座残高をそっくり彼らの口座に差し上げてギャングスターたちを歓喜させることになるらしい。

幸い見栄を張らずに「私は貧しい」と伝えたことで、彼らのターゲットからはずされ、会話を続ける価値のない人間だと思われたため、アプリのダウンロード云々までには至らなかったものの、もしも預金残高を全て彼らの偽りの口座に託してしまったらと思うと恐ろしいことである。

それにしても、訛りは酷かったものの、英語を達者に操り、見事な役者ぶりで訝しがることちらの気持ちに寄り添う素振りを見せ、必要な情報を少しずつ引き出す手法は実にあっぱれで、シャッポを脱がされた。

今回の詐欺グループの遣り口は、事故や会社での使い込みなどを装ったオレオレ詐欺よりもさらに高度な会話術を用いており、会話の録音をほのめかしたり、部署を跨いで担当者を引き継いだりと、なかなか手が込んでいた。

これだけのプロセスを経ても義父母や私のように失敗するケースもあるのだから、恐らく彼らにとっては、わずかな成功率でも十分なリターンが見込めるコストパフォーマンスの高い仕事なのだろう。

お陰で、午前中の貴重なひとときを無駄に奪われたにもかかわらず、むしろ楽しんでいたほどで、実際に被害に遭われた方には申し訳ないながら、彼らがどのようなトレーニングを受けてかような会話ができるようになったのか知りたくなった。

容姿端麗で笑顔が似合い、テクニックとしての傾聴も、相手の話への大袈裟なリアクションも得意とする役者が保険の営業に適していると言われるように、役者崩れなら迫真の演技でオレオレ詐欺も完成度が高くなるのではないだろうか？

役者崩れにせよ、社会からあぶれたならず者にせよ、ロールプレイは完璧にこなせたとしても、あまりにお馬鹿さんでは、被害者からのいくつかの質問により、瞬く間にほころびが見えるであろうことから、この詐欺で成果を上げることのできる人物は、言葉を巧みに操り機転の利く、それなりに優秀な御仁であると推察する。ならば、何も犯罪に手を染めずとも堅気の仕事でも十分に成功するのではないだろうか？

いっそのこと、世の企業が特殊詐欺集団の構成員を積極的に営業職に雇用してみたら、組織の発展に大いに貢献してくれるのではないかと、犯罪者と企業がWin-Winになるかもしれない未来に思いを巡らせて、さらに時間を無駄にした愚かな午後であった。

スイス考

盛夏にヨーロッパ各地にて開催される音楽祭は、今年もコロナ禍をもろともせず、盛況を誇っていた。

とりわけザルツブルク音楽祭のチケットは完売に等しく、4つのオペラに加え、世界に名だたる5人の指揮者と共に演奏をするウィーンフィルはリハーサルと本番に追われ、音楽家の夫も激務を極めている。

そのような日々の傍らにてヴァイオリン、ヴィオラ、チェロ、コントラバス、クラリネット、ピアノと、7人で組むアンサンブルPHILHARMONIXも、ウィーンのベルヴェデーレ宮殿のプライベートガーデンで催されるテアターイムパークや、クロースター、グシュタード、シオンといったスイスの音楽祭など、スケジュールの合間を縫って、お声がけいただいた都市へ出向いていた。

現在暮らしているオーストリアからスイスの国境へは、車で3時間半ほどで、そこからさらに進むこと数時間、私達が「アルプスの少女ハイジ」などで印象づけられたような、山を切り拓いた典型的な酪農風景が東西南北に広がり、ターコイズ色の湖面を誇る湖が点在している。

オーストリアでは酪農家が国に保護されており、牧草地帯を宅地に転換するハードルが高く、酪農家でなければ広大な草原に家を建てることなど叶わない。それでも、規制の隙間をくぐり抜けて建築ラッシュは続いており、職人の人件費や建築資材の高騰は止まるところを知らずにいる。

したがって、私達の暮らすザルツブルク郊外の田舎の風景ですら、ごちゃごちゃと込み入った印象を受ける。

しかし、スイスの広大な牧草地帯は、自宅兼厩舎や納屋が美しい木造で整えられており、各家の間隔も広く、大変美しい。

恐らく土地の地目の変更は大変難しく、オーストリアと同様、安易に牧草地帯を住宅地にすることは許されていないのであろうし、建築協定にて、木造の伝統的建築基準を守り、それに携わる職人技術の継承にも力が注がれているように見受けられる。

過疎地の未来を杞憂して、あるいはデベロッパーから袖の下を受け取って、大型のリゾート開発を許可するような首長も局地的には存在するのかも知れないけれど、多くの地域にて美しい景観が今もなお保たれていることは、訪れる者にとっては眼福である。

音楽祭を訪れてみても、人口の少ない街のわずか200人ほどしか入らない小さな教会で、PHILHARMONIXのみならず、ヴァイオリニストのギドン・クレーメル氏や、テノールのヨナス・カウフマン氏など、名のある音楽家たちをわざわざ他国から呼び寄せるほど、文化芸術に予算を投じる基盤があり、そこに集う市民がいることも素晴らしい。

永世中立国という国際的な立場も相まって、そこでは、平穏で心安らぐ牧歌的な暮らしが永遠に続くかのように思える。

その一方で、スイスの経済を支えるのが金融業で、何やらおどろおどろしい印象すらあるプライベートバンクが国の根幹をなしているという。

スイスの傭兵たちが戦地に赴く間、彼らの資産が毀損することのなきよう、大切な資産を守り、創業者自身も無限に責任を負う形で、自己資本比率の高い運営をしてきたという成り立ちのプライベートバンク。

そこでは、資産の保全のみならず、運用、そして相続のための信託に至るまで、ワンストップで富裕層を支える極上のサービスを提供すると言われている。

しかし、その秘匿性ゆえに、近年では脱税幇助《ほうじょ》や、ホロコーストの犠牲者の休眠口座を隠蔽し、遺族への支払いを拒んでいたことなど、国際的なスキャンダルが白日のもとに晒されることとなった。

現在ではOECD加盟国の間で共通報告基準（通称CRS）が設けられ、富裕層の海外資産はつまびらかとなり、租税回避などはできなくなったことに加えて、ホロコースト犠牲者の遺族にも、スイスの銀行から補償が支払われることになったらしい。

すでに周知の事実ではあるものの、第二次世界大戦中には、大量に流入しようとしたユダヤ人を国境で追い返し、永世中立国であるにもかかわらず、国内に居住するユダヤ人の情報をナチスに漏洩したことで、ナチスの攻撃を免れたという恥ずべき過去もあるスイス。

そして今もなお、保守派はもとより、左派でも反ユダヤ主義が巣くっているというスイスは、ハイジの暮らすのどかな風景からは想像もつかない二面性を抱えている。

女性の参政権が連邦レベルで認められたのは1971年であり、最後まで抵抗を続けたアッペンツェル・インナーローデン準州では1990年まで女性が政治に参画することは許されていなかった。

男性にしか参政権がなかった時代に、女性の権利を唱える者がいなかったのは、国民ひとりひとり、つまり当時は男性のみの票がそのまま反映される直接民主主義の負の側面であると言えよう。

また、所得税率が低く、州によっては相続税もないため、半永久的に枯渇することのない資産を抱える富裕層と、平均給与は周辺諸国と比較してそれなりに高額なものの、高い物価に喘ぐ貧困層の格差が存在する。

そして、そうした社会のひずみを体現する薬物依存症患者たち。スイスでは、一部の依存症者の間であらゆる薬物が蔓延し、１９８０年代から１９９０年代初頭にかけて、チューリッヒ川岸や公園など、公共の場で白昼堂々と薬物の取引をし、その場で注射を打つばかりか、それに付随した売買春や密売者同士の抗争が絶えなかったという。

見かねた政府は、荒廃した地域の浄化作戦の一環で、薬物依存症者を取り締まるのではなく、ヘロインや合成オピオイドを医師の監視下で処方するハームリダクションに舵を切り、現在多くの患者たちが専門の施設にて無償で薬物の配給を受けている。

もちろん薬物を無料で配るなど、聞こえはよろしくなく、未だ賛否は分かれるものの、医師のコントロール下の薬物摂取によって、犯罪件数は激減し、依存症を抱えながらも就労して、社会生活を送ることが可能になった患者もいるのだそう。

伝統と規律を重んじる保守性とは裏腹に、こうした先進性を兼ね備えているのがスイスであり、重篤な病に冒され、余命幾ばくもなくなった人物が、医師の助けにより安楽死を選択することのできる自殺幇助が公に認められていることでも知られている。

カトリック教会の影響が強い地域にもかかわらず、神の意志ではなく、患者自らの意志決定により耐え難き苦痛から逃れ、尊厳をもって死に至ることを選択できるのは、自ら考える力を持つ成熟した市民による直接民主主義によるものなのだろうか。

日本では未だに苦しむことを美徳とする習慣があり、苦しむ人に、本人の苦痛を理解しない外野が安易に「がんばって」と声をかけることも横行しているように見受けられる。

本人の意志にかかわらず、家族の望みによってあらゆる管に繋がれて、むくんだ身体に無理矢理栄養剤を注入され、尿はカテーテルから垂れ流し、便が詰まれば無理矢理掻き出され、尊厳なきまま生きる屍となっているご老人の何と多いことか。

個人的には、国の医療費を逼迫させることのなきよう、健康に留意した生活を心がけつつ、できるかぎり健康寿命を延ばすよう努めるつもりでいるものの、いつしか救いようのない疼痛に見舞われた際には、無理な延命を一切望まず、ためらうことなく安楽死を選択したいと考えており、お隣のスイスばかりか、欧州全域にて、少しずつそうした議論が交わされはじめていることが、むしろ今後を生きる支えとなっている。

自然を慈しみ、文化芸術を愛し、秩序を重んじながらも、個々人の価値を尊重するスイスの社会には、少なからず負の側面はあるものの、食事がおいしく、健康寿命が長く、クオリティーオブライフの高い彼の国の秘密をもう少し紐解いてみたいと思わせる何かが、そこには存在しているのだった。

トゥーランガリーラ交響曲

ヨーロッパ各地にて開催されていた盛夏の音楽祭シーズンも終盤になり、屋外としては最後になるグラフネック音楽祭でのコンサートの後、夫と食事を楽しんでいた折に、ウィーンフィルとエサ＝ペッカ・サロネン氏のツアーにソリストとして参加するはずだったピアニストのユジャ・ワン氏が体調不良により降板となったことを知らされた。

２００７年に、稀代のスーパースターであり、直前のキャンセルが多いことでも知られるマルタ・アルゲリッチの代役を務めて以来、圧巻の超絶技巧と豊かな表現力、そして眉をひそめる者もいるほど官能的な衣装と踏みつけられたら痛そうなピンヒールでの華やかな演奏により、世界中から耳目を集めるユジャ・ワン氏は、サロネン氏が情熱を傾けるオリヴィエ・メシアンの「トゥーランガリーラ交響曲」のピアノ演奏にて、ザルツブルク音楽祭でも褪せることのない存在感を示したばかりだった。

調性を意図的に破壊し、新たな音楽の可能性を探っていたメシアンによる渾身の大作は、リヒャルト・ワーグナーのオペラ『トリスタンとイゾルデ』へのオマージュだと言われており、多様な意味を含むサンスクリット語の「トゥーランガリーラ」とは、広義には「愛の歌」と訳されるらしい。

インドネシアのガムランからインスパイアされた11人ものパーカッショニストと、オンド・マルトノという奇妙な音質の電子楽器を擁する大編成のオーケストラに加えて、ピアノやチェレスタなどが不協和音と和音を絶妙なタイミングとリズムでかき鳴らすこの曲は、聴き込む程に味わいを増し、アワビの肝や、からすみ、あるいはキャビアといった珍味のような魅力があるとでも言えようか。

急なシフトにより、初見でオペラの伴奏をこなすことも多々あるウィーンフィルの音楽家たちをもってしても、読譜には細心の注意が必要で、ましてや独奏ばかりかオーケストラと共に阿吽《あうん》の呼吸でリズムを刻むことが求められるピアニストにとって、付け焼き刃で弾きこなせる代物ではないという。

グラフネック城の広大な庭園の一角に店を構えるレストランMÖRWALDにて、レバークヌーデルという団子状に丸めたレバーのミンチ入りのビーフスープをいただきながら、曲目の変更や、それに伴う聴衆からの払い戻し請求、すでに往復の席と宿泊先を確保したパーカッショニストたちのキャンセル、最悪の場合はコンサートそのものの中止など、これから起こり得る大惨事を咄嗟に想像し、背筋が凍る思いだった。

今もなおコロナ禍が水面下でのさばっており、多くの都市で従来通りの観客動員が望めずに疲弊するクラシック音楽業界において、ウィーンフィルに限ってはチケットの売れ行きが非常によろしく、ようやくこの数年の損失を取り戻そうという過程にて、カリスマ性を備えたソリストのキャンセルとは大きな痛手である。

「代役を探すにしても、批評家たちも注目する難曲を易々と引き受けて、評判を落とすような脳天気なピアニストはいないはず」と言う夫に、「パリ在住の友人ベルトラン・シャマユなら、メシアンを得意としていて、最近発売したばかりのＣＤ『幼子イエスに注ぐ20の眼差し』が大好評だし、サロネン氏とも共演をしているから、きっと弾けるはず。今この曲を引き受けることができるのは、世界中に彼しかいない」と述べてはみたものの、「たとえ彼がこの曲を弾けたとしても、スケジュールが合わなければ意味がないし、ツアーが滞りなく行われるよう、裏で差配をするのは僕の仕事ではあるけれど、代役を探すのは僕の仕事ではないから、成り行きに任せる」とのことだった。

確かにベルトランは、各地で音楽祭に参加するため多忙な日々を過ごしている上、モーリス・ラヴェルの生まれ故郷のシブールとサン＝ジャン＝ド＝リュズにて「FESTIVAL RAVEL」と称する音楽祭を主催しており、激務を極めているはずだった。

晩年のピエール・ブーレーズより薫陶を受けた現代音楽の名手とはいえ、彼の身体が空いていなければ、元も子もない。

食事を終えて、ザルツブルクへの夜道を急ぐうちに、ユジャ・ワン氏のキレのいい演奏を想い出し、頭の中で「トゥーランガリーラ交響曲」のフレーズが無限に鳴り響いていた。

しかし、翌日の朝になって、「代役がフランス人のピアニストに決まるかも知れない。まだ9割で、確定ではないけれど」との報せを受け、「それなら絶対にベルトランしかいない!」と夫に正確な名前を確認するよう懇願すると、紛れもなく「Herr.CHAMAYOU《シャマユさん》」との返答が来た。

3ヶ月ほど前にパリを訪れた際に、ベルトランの自宅にて彼お手製の食事をご馳走になった席で、「ウィーンフィルとあなたがいつの日か共演する日を心待ちにしている」と話していたのであった。

さらには、この朝から遡ること1週間ほど前に、ベルリンフィルがザルツブルク音楽祭にてマーラーの「交響曲7番」やブルックナーの「交響曲4番」を演奏した後、ベルリンフィルのコンサートマスターであり、夫も所属するPHILHARMONIXのメンバーでもあるヴァイオリニストのノア・ベンディックス・バルグリー氏を交えて食事をした際に、ベルトランについて話題にしたばかりだった。

あまり性急に応えを求めてはいけないと思いつつも、「9割の確率が10割になるのなら」

とベルトランに電話をかけ、「本当に明日ハンブルクへ飛ぶことができるの？」と尋ねると、「昨晩コンサートの演奏中に１００以上のメッセージを、指揮者のサロネン氏からも、エージェントからも、ハンブルクのエルプフィルハーモニーからも受け取ったよ。本来ならば、自らの音楽祭でゲストのカルテットと一緒に一曲だけ演奏する予定だったから、今、ひとりにお願いをして回っているところ。恐らく皆理解してくれると思う」とのことだった。

しかも、彼は２ヶ月前に同じ「トゥーランガリーラ交響曲」をサロネン氏とパリ管弦楽団と共に演奏したばかりで、楽曲に精通していた上、２週間後にサロネン氏と共に、パリ管弦楽団の本拠地フィルハーモニー・ド・パリにて演奏する予定なのだという。

もちろんその間、他の曲をいくつも演奏しており、再びこの大作に取り組むことは容易ではないけれど、「ユジャ・ワンのピンチヒッターを務めるのは初めてではないし、これまでにも狂った試みは何度も重ねてきたからなんとかなる」と言うではないか。

この世界は何と小さく、また何と奇跡に溢れていることだろう。

大きな仕事が突然舞い込んで来たからといって、大切な仲間をないがしろにしたりせず、丁寧に説明を重ねたその人柄により、数時間で彼のハンブルク行きは決定となった。

その瞬間声を上げ、飛び上がって喜んだのは言うまでもない。

彼が首を縦に振らなかったら、指揮者のサロネン氏も、主催のエルプフィルハーモニーも、そしてウィーンフィルも肝を冷やしたことだろう。

本来は自宅にて留守番のはずだった私も、急遽航空券を購入して、ハンブルクへ飛ぶこととなった。

想像してみてはいただけないだろうか、学芸会の本番で、その日に編入して来たばかりの転校生が突然主役を演じることになる状況を。

ベルリンフィルやロイヤル・コンツェルトヘボウと並んで世界3大オーケストラのひとつに数えられ、伝統を重んじるウィーンフィルにおいて、名前や実績があろうとも、初めて訪れる指揮者やソリストをどのような眼差しで迎えるかは毎度見物《みもの》であり、京都の人々のように物腰は大変柔らかいながら、観察眼は鋭く、それでいて決して本音を言わないものだから恐ろしい。

港街ハンブルクの古い倉庫の上に建てられたモダンなコンサートホールで行われたリハーサルは、オーケストラの到着が遅れたこともあり、1時間30分の曲に対してわずか40分。

初めてのオーケストラと共に、呼吸を合わせ、タイミングを慎重に図りながらメシアンの描いた壮大なる愛の宇宙を表現することを求められるベルトランに軽く挨拶をすると、がらんどうの客席の隅に腰掛け、彼の一挙手一投足を固唾を呑んで見守った。

しかし、管弦楽の爆音に続いて彼がはじめの一小節を弾いた瞬間、「もう大丈夫」と胸をなで下ろした。

サロネン氏の厚い信頼に抱かれながら、彼が耳を澄ませ、目を凝らしてオーケストラと歩みを揃えようとする姿は、エゴに囚われることなく、ただこの瞬間、この曲に貢献すべく存在する者のそれで、リハーサルが始まって以来、硬く握りしめていた自らの拳が自然に緩むのを感じた。

たとえオーケストラ全員が彼の演奏を拒絶したとしても、私だけは味方でいるつもりで乗り込んだものの、そのような心配は杞憂に終わり、たった40分でも的確な箇所を効率よく抽出して音とタイミングを合わせるサロネン氏の絶妙な采配により、リハーサル終わりには、オーケストラから、弓による譜面台の連打と、足踏みという歓待を受けることになった。

クルーズボートなどの観光客がこぞって訪れるハンブルクのランドマークであるエルプフィルハーモニーは、クラシック好きはもちろんのこと、この場所をひと目拝みたいがために集う無垢な聴衆も混在しており、楽章間であたたかい拍手が起こることも決して珍しくはない。

指揮者も音楽家も、そして聴衆も、2100人のキャパシティーが連日満席となるこちらでは、寛容な姿勢を崩さぬよう努めているけれど、まさかメシアンの曲でこのホールが満席になるとは驚きだった。

しかも、10の楽章が全て奏でられるまで、楽章間にご愛敬の拍手が入ったのはたった一回、それもひとりだけで、客席を埋め尽くした聴衆がこの度の「トゥーランガリーラ交響曲」を待ち望んでいたことが感じられて嬉しくなった。

指を折るのではないかと心配なほど鍵盤を強打するベルトランは、演奏に没頭する一方で、オーケストラの音を聞き逃すまいと、耳を澄ませている。

「私の演奏について来られない者は見捨てる」といった女王気質ではなく、超絶技巧を自在に駆使する傍らで、オーケストラの分厚い音のレイヤーをひとつひとつ分解しつつも、全体像をしっかりと俯瞰し、自らに与えられた役割を全うする彼のピアノに、オーケストラも歩調を合わせ、演奏者同士のみならず、音楽の緊張と弛緩が観客ともシンクロし、一体感を増すコンサートホールの空気が心地よかった。

興奮冷めやらぬまま、主催者との食事をするベルトランを待つ間、生牡蠣や丸ごとのアーティチョークを肴に祝杯を挙げた私達は、翌日に早朝の出発を控えていたにもかかわらず久久に酔った。

好評によりなかなか戻らなかったベルトランが閉店間際にようやくお店に姿を現すと、たまたま居合わせたファゴット奏者のソフィー・デルヴォー氏や、バスクラリネットのアンドレアス・ヴィーザー氏、フルートのリュック・マンゴルツ氏といった木管楽器のチームからも拍手が上がった。

翌日はスイスのルツェルン音楽祭に移動しての演奏だった。

自らの音楽祭を抱えているために、今年は辞退したというベルトランが思いがけず訪れることとなり、ユジャ・ワン氏の不在を心配していた音楽祭の主催者も安心したようだった。

昨晩の大成功により、リハーサルをこっそり見守る必要もなくなった。

ウィーンフィルとベルトラン・シャマユ、そしてエサ＝ペッカ・サロネン氏の夢のごとき邂逅は、2日目にして最高潮に達し、血管が切れそうなほど息を詰め、顔を真っ赤にしたサロネン氏の導きにより、最後の轟音がこれ以上絞り取れるものはない程とてつもない音圧にて奏でられ、まるでモーゼが紅海を分かつかのような、あるいは火山が噴火する直前の地響きのような音を空中に放ち、そこに集う聴衆を圧倒した。

世界がどんなに混迷を極めようとも、この瞬間を味わうために生きていると感じさせるものが生の音楽には宿っている。いかなる名録音でもすくい取ることのできない奇跡の刹那がそこにある限り、私達聴衆はコンサートホールへ足を運び続けるのだ。

ブラックアウト

折からのロシアによるウクライナ侵攻により、周知の通り欧州ではエネルギー危機に瀕している。

東日本大震災の大惨事を受けて脱原発に舵を切ったメルケル前ドイツ首相が、シュレーダー元首相の計画を受け継ぎ、狂犬プーチン大統領を何とかなだめすかしながら、天然ガスのパイプライン「ノルドストリーム２」を具現化することで、ロシアとの危うい関係を辛うじて保とうと努めたものの、２月24日のウクライナへの侵攻を機にそれは水泡に帰した。

原油価格や天然ガス価格の高騰は、欧州のみならず世界中の人々の生活や経済を圧迫しており、ガソリン代が払えずに出勤を諦める人や、光熱費の支払いが間に合わず事業を畳まざるを得ない人々が続出していることであろう。

それでも、エネルギーを金銭で購入できるうちはまだ良い方で、定期点検を理由にノルドストリームが何度も止められたり、何者かによって破壊工作が行われたりするうちに、この冬を乗り切るだけのエネルギーを賄うことができないという、暗澹たる見通しが公然と語られるようになった。

もとより原発推進派のフランスなどは、自国でエネルギーを賄うことが可能であろうけれど、エコ志向の強いオーストリアでは原発は全く稼働していない。緑の党が躍進するドイツでも残された2基の停止を予定に反して延長し、何とか危機を回避しようとしている。

あるシミュレーションによると、すでに暮らしの多くを電気に依存する現代では、万が一のブラックアウトに際しては、わずか数分で上下水道、電話回線、インターネット、テレビ、ラジオ、信号機などが不能となり、数時間のうちにスーパーマーケットも、薬局も、警察署も、何もかもが機能しなくなるという。

そのような事態を極力避けるためにも、各々の家庭が節電に努めるようお達しがあった上、オーストリアでは居住者ひとり当たりに€５００の支給があった。

ドイツでは今後更なるエネルギー価格の上昇に備えて、€３０００ほどを確保しておくようにと政府から書面での通知があったという。これは豪邸で暮らす裕福な家庭の話ではなく、ごく一般的な庶民の一人所帯に対して送られた通達である。

こうした不穏な空気を読み取って、我が家でも夏の終わりには薪やキャントル、寝袋などを用意してみたものの、日毎に気温が下がるにつれ、極寒のブラックアウトが次第に現実味を帯びて来たため、いよいよ本格的に準備を始めるに至った。

ザルツブルクの家の周囲には、地熱エネルギーやソーラーシステムなどで電力を賄っている家庭もいくつかあり、彼らは常々山の伏流水を利用した水道と自家発電、そして家庭菜園や養蜂、養鶏、牛や羊、山羊などの家畜の飼育をもって、有事に強い暮らしを誇っていた。

しかし、水の経路をよくよく調べてみると、水源は我々の暮らす村にあるわけではなく、隣の村にある山の水源から電動のポンプで引き上げているとのことで、万が一電力が途絶えた際には、飲用水を確保できないことが判明した。

近くを流れる小川の水は、牛や鹿の糞尿が混入している可能性があるため、残念ながら飲用には適さない。

したがって、電力不足とサイバーアタック、いずれかの可能性によるブラックアウトに際しては、日本での震災時と同様の備えが、最低でも一週間分は必要であることに気付かされた我が家では、飲用水と生活用水を確保し、ECOFLOWと称するソーラーパネルと蓄電池、ジェネレーターを入手するに至った。

想像し得る限りの食料や日用品を揃え、バーベキュー用のガスタンクにカセットコンロ用のガスボンベ、ポータブルシャワーやトイレも購入した。

かつてのインド旅行を想い出しつつ、水シャワーを浴びる練習をしてみたり、水漬けパスタをわずかな火力で調理したソースで和えてみたり、オートミールでビルヒャームスリーをこしらえてみたり。

幸いなことに、近所の方々とは良好な関係を築いており、何かあればお互いに助け合うことが多い。

私たちが不在の間の郵便物を預かっていただいたり、電気や水道の点検に、代理で立ち会っていただいたり、家庭菜園のお裾分けを頂戴したりする一方で、新型コロナウイルス感染により誰かが自宅待機となれば、買い物を請け負ったり、夫のコンサートのチケットが手に入ればお誘いしてみたりといった具合に。

そのような訳で、いざという時には、共に知恵を持ち寄って、何とか急場を凌ぐことができるような気もしている。

とはいえ、ブラックアウトくらいで事が済むなら、それは楽観的なシナリオの範疇で、身内の造反により彼の国の大統領が手も足も出なくなったあかつきには、窮鼠《きゅうそ》猫を嚙むような最悪のシナリオも依然としてくすぶっている訳で、できる限りの備えはしつつも、あとは運命に任せるのみである。

新型コロナウイルスにて疲弊した世界に投下された新たな火種により、再び窮地に立たされた私たちは、未来を憂えて右往左往するばかりだけれど、どうあがいてもなるようにしかならないのなら、今この刹那をただ愚直に生きるよりほかに手立てがないのだ。

コロナ増量

しばらく続いたコロナ太りからようやく脱却できそうな兆しが見えてきた。

2020年の3月、日本に先駆けてロックダウンとなった欧州では、食料品や医薬品の買い出し以外の目的で外出することが禁じられた国が大半だった。

幸い暮らしているオーストリアでは、最低限の散歩は認められていたため、ザルツブルクの山中の自宅に籠もり、時折裏山を散歩していたものの、それまで週に2～3回はジムで励んでいた筋力トレーニングから遠ざかったために、筋力は衰える一方だった。

さらには自由に外出できないもどかしさを、料理をし、食べることで紛らわせていたため、筋力低下による代謝の低下に加えて余剰分のカロリーが脂肪となって身体に定着し、次第に痩せにくい体質になっていった。

日本のように新鮮な魚介類に、丁寧に処理された食肉、150種類を上回る豊富な野菜に果物が入手できるわけでもなく、限られた食材で旨味やコクを出すために、バターシュマルツという精製したバター（インドではギーと呼ばれている）を頻繁に用いていたこともカロリーオーバーの原因だったように思う。

新型コロナウイルスが私たちの生活様式を一変させる以前は、多少食べすぎても、翌日に緑茶を飲みながら肝臓に蓄えたグリコーゲンを筋トレと有酸素運動で使い切り、体脂肪率も体重も程よく保つことができていた。

腸内フローラも安定していたし、欧州で思い切り緩んだ暮らしをしても、東京での仕事の際には短期間で身体を絞り、洋服のサイズは36をキープしていた。

ところが、何をしても簡単には痩せない体質になり、パンツのファスナーが閉まらなくなったのは、紛れもなく自粛生活と、日本への帰国時の2週間の待機期間のお陰にほかならない。

ステイホームの気楽さは、生来の怠惰な人間には心地よかった。退屈するどころか、むしろ家族以外の誰にも気を遣うことなく、好きな時間に起床して、好きな時間に食べ、また好きな時間にカウチで惰眠を貪る日々は、願ってもないことだった。

しかし、コンサートやオペラの鑑賞も、友人知人との会食もない暮らしは、人様の目に触れるという緊張感を失わせ、すっぴんに髪はボサボサ、仕事場で塗っていただいたネイルは剝がれ落ちるまでそのまま、ウエストにゴムの入ったジョガーパンツばかり穿く次第で、運動をする気力も失せ、いつしか体重は4キロもオーバーしていた。

日本に戻る度に、ホテルで監禁されたことも堪えた。糖質制限はもちろんのこと、自粛明けには部位を変えつつ筋トレを毎日、有酸素運動は朝晩2回、キャビテーションにラジオ波、筋膜はがしのマッサージなどにも頼ってみたのだけれど、多少絞ることはできたとしても、なかなか元の姿には戻らなかった。

身体を絞ろうと食事制限をすると、顔だけ痩せこけてしまう年齢でもあり、肥大したお尻や太腿、二の腕や背中など、不要な脂肪はいつまでたってもなくならない。

その一方で、映画『THE LEGEND & BUTTERFLY』の撮影中は、時代劇のかつらや着物のボリュームに合わせて顔をふくよかにする必要が生じ、京都の滞在中は、昼も夜もおいしいものを食べまくったため、結局コロナ太りに重ねて、時代劇太りとなり、その後の減量は困難を極めた。

生来股関節を患っている身としては、常々「太りすぎないように」と医師や理学療法士の先生方に釘を刺され、20歳の頃にはすでに「子供を産むなら25歳までに」と言われた程、体重の増加が、股関節の具合に直結していることもあり、このコロナ太り、時代劇太りを何とかしたいと思っていた。

そこでいよいよ脂肪冷却マシーンなるものにお世話になることになり、ハーバード大学の研究によって内臓や筋肉、神経を傷つけることなく、脂肪のみを4℃で冷却し、脂肪細胞の自滅を促すという施術を数回受けてみた。

凍傷防止のヌルヌルとしたシートを施術部位に貼付し、掃除機のような吸引器具で不要な脂肪を吸い上げながら50分ほど冷却すると、頑固な脂肪が鎮座していた私の太腿も、二の腕も、背中の憎らしいダブつきも、1ヶ月ほどでサイズダウンし始めた。

驚くべきは、筋トレ時に、それまで脂肪が邪魔して意識できなかったであろう深層の筋肉が反応し始め、効果的にトレーニングができるようになったことだった。

一度の施術で約20％の脂肪が退行するといい、有意な変化を望むなら、部位ごとに2～3回の施術が必要であるものの、確実にサイズダウンすることがモチベーションとなり、自宅でも自重のトレーニングをすることが楽しくなった。

かように筋肉が育まれると、自ずと代謝も上がり、日常生活で消費するカロリーが増えたことを如実に感じる。

ドイツ語学習を兼ねて視聴しているYouTubeや、時折ページをめくる健康系の雑誌のダイエット特集では、緑茶と納豆、酪酸菌が脂肪燃焼を助けると度々取り沙汰されている。日本の緑茶や納豆は今や世界中のダイエッターの注目を浴びているのだった。

緑茶や納豆、酪酸菌を毎日摂取し、キャビテーションに脂肪冷却など、時にはプロの手も借りつつ、モチベーションを保ち、定期的に運動に励むことで自分でも認めることができるほど、顕著に身体のラインがすっきりとしてきた。

人生100年時代などと言われても、そこまで長生きしたいとは思わない。しかし、やむを得ず長生きをしてしまう可能性も考えると、やはり足腰を鍛え、歯周病予防に努め、生涯自らの脚で歩ける身体の土台を育んでおこうと、コロナ太りとの決別を誓い、運動に励む日々である。

PHILHARMONIX

長く厳しいコロナ禍による入国規制を経て、夫の所属する管弦楽アンサンブルPHILHARMONIXのアジアツアーがようやく開催された。

PHILHARMONIXは、ウィーンフィルとベルリンフィルの精鋭たちからなる自由かつ多彩なアンサンブルで、クラシック音楽の枠にとらわれず、ジャズでも民族音楽でも、あるいはポップスでもロックでも、まるで自宅で寛いでいるかのごとく、苦もなく超絶技巧を交えて演奏してみせる。

第一ヴァイオリンは2017年から加わったアメリカ人のノア・ベンディックス・バルグリー氏で、ベルリンフィルでは第一コンサートマスターを務めており、東欧系ユダヤの民謡を起源とするクレズマー音楽も得意とする。

第二ヴァイオリンはかつてウィーンのフォルクス・オパーのコンサートマスターであったオーストリア人のセバスチャン・ギュルトラー氏で、作曲や編曲も担うばかりか、毎度必ず歌声を披露することにもなっており、ステージ上では悪戯《いたずら》好きでもある。

私の夫であり、ウィーンフィルに所属するドイツ出身のティロ・フェヒナーは、中音域のヴィオラを務めている。長年ウィーンフィルの運営にも携わっている他、PHILHARMONIXでは、アルバムのジャケットや動画などのアートワークも担当している。

チェロは、かつて兄弟揃ってウィーンフィルに所属していたオーストリア人で、現在はベルリンフィルに所属するシュテファン・コンツ氏。ワーカホリック気味な彼は、PHILHARMONIXのために寝食を忘れて数々の曲を作曲および編曲している。

コントラバスは、キング・オブ・ベースの称号をほしいままにしている、ハンガリー出身のエーデン・ラーツ氏で、ウィーンフィルの首席奏者でもある。ツアー中は、出かける先々でコントラバスを調達し、いかなるコンディションの楽器でも、パワフルな音を奏でることができる。

ピアノを弾くのは、ウィーンフィルのツアーやザルツブルク音楽祭でも定期的にピアノやチェレスタを演奏するクリストフ・トラクスラー氏。

PHILHARMONIXのステージでは、伝統にとらわれることなく自由に演奏する一方で、ウィーン国立音楽大学の教授でもある。

そして、クラリネットのダニエル・オッテンザマー氏は、ウィーンフィルにて代々首席奏者を務めるクラリネット界のサラブレッドで、その演奏技術と存在感は他の追随を許さない。

お察しの通りオーストリア出身であり、コンサートの選曲を担い、MCも務めている。

彼らのモットーはいかなる音楽にせよ、かしこまって奏でるのではなく、お客様以前に自分たちが楽しみ、楽器を道具に存分に遊ぶこと。

クイーンの「ボヘミアンラプソディ」が、なぜかバッハの平均律「プレリュード」から始まったり、ベートーヴェンの「交響曲第7番」の重厚かつ悲壮感の漂う第二楽章をモチーフにノリノリのスウィングにしてしまったりといった具合に。ショパンの「プレリュード第四番」は、官能的で絡みつくようなジャズに変貌し、リヒャルト・シュトラウスの「ツァラトストラはかく語りき」を弦のピチカートのみで、しかもピアニッシモで表現する一方で、バルトークの「ルーマニア民族舞曲」をあえて調子外れに奏でるような奔放さである。

純然たるクラシックのカルテットやクインテットにお行儀良く耳を傾けて来た方々が、ウィーンフィルとベルリンフィルというイメージだけで来場すると、何が起こっているのか混乱し、しばしポカンと口を開けて眺めるか、早々にクラシックの伝統を汚す不届き者との烙印を押して、眉をひそめるだろう。

しかし、日頃からクラシックを愛聴する耳の肥えた御仁や、クラシックのクの字も知らぬ子供でも、柔軟な感受性を携えているなら、素直に彼らの企てを受け取って、絶妙な呼吸で奏でられる躍動感に満ちあふれた音楽に身を委ねたくなるという。

彼らの贅沢な遊戯は、厳格な訓練に裏打ちされた技術があってこそのゆとりから生まれるもので、ともすれば音楽家にとっても、聴衆にとっても「音が苦《おんがく》」になる可能性をはらんだクラシックを、心躍る「音楽」にすべく、世界に名だたるオーケストラでの仕事の傍らで、寸暇を惜しんで集い、挑戦を続けているのだった。

ヨーロッパでは、コロナ禍によりしばらく音楽鑑賞をためらっていた人々が、コンサートホールやオペラハウスにようやく戻って来て、満席となる公演も決して珍しくはなくなった。

翻って日本においては、クラシックのコンサートを楽しむ時間的、経済的ゆとりのある方の大半がシニアであることもあり、寸断された鑑賞習慣が戻らず、文化産業は壊滅的だという。

PHILHARMONIXの公演は、残念ながら全てが完売とはならなかったものの、東京芸術劇場や、愛知県芸術劇場は満席で、お客様の反応も大変よく、スタンディングオーベイションで迎えられたアンコールは、「フェリス・ナヴィダ」、「La Vie en Rose」、「Englishman In New York」と、3曲も披露することとなった。

その一方でハイテク企業の好調を反映するかのように客席の平均年齢が遥かに若い韓国や台湾での公演は瞬く間に完売し、ブラボーのかけ声も度々飛び交い、日本では第8波を懸念して中止となったCDへのサイン会もためらうことなく行われたという。

プロモーターの宣伝力や、チケット販売のデジタル化によるところも多分にあるのかも知れないけれど、知的好奇心あふれる若年層がコンサートへ訪れ、心を養う習慣が定着していることが、なんと羨ましいことか。

確かに海外招聘もののコンサートチケットは割高で、賃金上昇が見込めない日本の若者が簡単に入手できるものではないことも理解できる。

しかし、欧州では芸術文化はライフラインと同様に考えられ、政府もしっかりと予算の枠を確保している上、企業も積極的にメセナに励んでいる。

したがって、高額なチケットばかりでなく、良席が€300を超すオペラでも、€15ほどで楽しむことのできる席があり、年金暮らしのお年寄りとて日常的に歌劇を楽しむことができると同時に、未来の聴衆を育成する場にもなっている。

我が国の状況を顧みると、文化的教養の大切さが叫ばれ始めてはいるものの、労働時間の長さや、所得の低さから、多くの人々にとって、コンサートやオペラ、あるいは歌舞伎や演劇の鑑賞は、大変な決意を伴う非日常であり、なかなか手が届かないものであることは自明の事実である。

その一方で富裕層が全て積極的に文化や芸術を人生に介在させているかと問われれば、諸外国と比較してその数は限られる。

アジア諸国の若者たちがこぞって教養を身につける傍らで、日本の若者たちは、審美眼を鍛え、感性を培うのに相応しい時期を知らぬ間に逃している。

社会保障費の確保もままならず、防衛費を増額しようという現在、文化予算が上昇するとは到底思えず、現状が好転する兆しは見えない。

PHILHARMONIXにとって4年ぶり、前回怪我で参加できなかった夫にとっては実に6年ぶりのアジアツアーは、彼らにとっては大成功であったものの、老婆心ながら日本の子供たちの未来が気がかりで仕方ない。

万人に芸術文化に触れる機会を与え、未来の聴衆や観客を育成するためにも、チケットのデジタル化や、キャンセル分や空席を若者に安価で譲る方法の確立が急務であると、声を大にして言いたいけれど、私ごときの憂いなど、寒空の下、冷たい風にかき消されてしまうだろう。

素晴らしい音楽に満たされる傍らで、どこか虚しさを感じる2022年の師走であった。

本書は「小説幻冬」の連載「文はやりたし」（二〇一六年十一月号〜二〇二三年二月号）を加筆修正した文庫オリジナルです。

幻冬舎文庫

●好評既刊
ないものねだり
中谷美紀

撮影現場で子供に「オバサン」呼ばわりされ、ファンには愛の証とばかり、牛に「ナカタニミキ」の名をつけられる。さまざまな人生に身をまかせる女優の台本のない日常を綴ったエッセイ集。

●好評既刊
女心と秋の空
中谷美紀

インド旅行、富士登山、断食、お能、ヨガと、とどまる所を知らない女優・中谷美紀の探究心。そんな気まぐれな女心と、日常に見つけたささやかな幸せを綴った珠玉のエッセイ集。

●好評既刊
自虐の詩日記
中谷美紀

映画「自虐の詩」で、幸薄いヒロイン・幸江を演じる著者。朝の五時から遊園地で絶叫したり、気がつけば今日も二十四時間起きている！ 映画づくりの困難とささやかな幸せを綴った撮影日記。

●好評既刊
リボルバー
原田マハ

パリのオークション会社に勤務する高遠冴の元にある日、錆びついた一丁のリボルバーが持ち込まれた。それはフィンセント・ファン・ゴッホの自殺に使われたものだという。傑作アートミステリ。

●好評既刊
[新装版]嫌われ松子の一生（上）（下）
山田宗樹

昭和四十六年、中学教師の松子はある事件で学校をクビになり故郷を飛び出す。それが彼女の転落人生の始まりだった。人生の荒波に翻弄されつつも小さな幸せを求め懸命に生きる一人の女の物語。

文《ふみ》はやりたし

中谷美紀《なかたにみき》

令和5年10月5日　初版発行

発行人――石原正康
編集人――高部真人
発行所――株式会社幻冬舎
〒151-0051東京都渋谷区千駄ヶ谷4-9-7
電話　03(5411)6222(営業)
　　　03(5411)6211(編集)
公式HP　https://www.gentosha.co.jp/

印刷・製本―中央精版印刷株式会社
装丁者――高橋雅之

幻冬舎文庫

ISBN978-4-344-43313-7　C0195　な-20-9

この本に関するご意見・ご感想は、下記アンケートフォームからお寄せください。
https://www.gentosha.co.jp/e/